Paul Gerhard Jäckel

Poimenik im Spannungsfeld einer sich veränderten Gesellschaft

Paul Gerhard Jäckel

Poimenik im Spannungsfeld einer sich veränderten Gesellschaft

Eine Handreichung - Struktur, Beispiele und Überlegungen zur Vorbereitung und Durchführung -

Fromm Verlag

Imprint

Any brand names and product names mentioned in this book are subject to trademark, brand or patent protection and are trademarks or registered trademarks of their respective holders. The use of brand names, product names, common names, trade names, product descriptions etc. even without a particular marking in this work is in no way to be construed to mean that such names may be regarded as unrestricted in respect of trademark and brand protection legislation and could thus be used by anyone.

Cover image: www.ingimage.com

Publisher:
Fromm Verlag
is a trademark of
Dodo Books Indian Ocean Ltd. and OmniScriptum S.R.L publishing group

120 High Road, East Finchley, London, N2 9ED, United Kingdom
Str. Armeneasca 28/1, office 1, Chisinau MD-2012, Republic of Moldova, Europe
Printed at: see last page
ISBN: 978-613-8-35106-1

Poimenik im Spannungsfeld

einer

sich verändernden Gesellschaft

Inhalt

Einleitung

Seit mehr als 20-Jahren begleite ich Menschen in den verschiedenen Lebenssituationen. Jugendliche mit Sinnfragen, Erwachsene in Grenzsituationen ihres Lebens, wie zum Beispiel bei Überforderung, Unterforderung, Daseinsfragen, Sinnfindungsprozessen, Nahtod-situationen und Glaubensfragen. Der Mensch, den ich begleitete, war für mich der Mittelpunkt - in den einzelnen Fällen und Situationen - nicht aber sein direktes Umfeld. Selten nur sah ich es als wichtig an oder unternahm gar den Prozess der Durchführung einer Analyse über die Gruppenidentität bzw. die Sozialisierung des Einzelnen. Immer erst einmal im guten Glauben, dies sei nicht notwendig. Und in der tiefen Grundüberzeugung, dass die Existenz Gottes - die Gegenwart von IHM in den Gesprächen (überwiegend zuhören und beten) - die Situation beherrscht, unter Kontrolle hat. Da ich mich als begleitendes, nicht aber als beratendes Element gesehen habe, gehe ich davon aus, dass das, was ich unbewusst falsch gemacht habe und unbewusst falsch mache, von unserem Herrn richtiggestellt werden konnte und kann. Welche zusätzlichen Eindrücke haben mich nun bewogen, die Begleitung von Menschen, in ihrer Problemlage, einer vertieften Betrachtungsweise zu unterziehen?

Drei Aspekte:

A) Funktionale vs. ständische Gesellschaft
Die Grundüberlegung einer vertieften Betrachtungsweise ist u.a. untermauert durch die Veränderung der Gesellschaft - der Menschen in der funktionalen Gesellschaft - und die damit verbundenen Lebensinhaltsänderungen. Das Dasein verlangt von uns Menschen, in einer industriell und von den Medien beeinflussten, funktionalen Gesellschaft, das Beherrschen von Mehrfachfunktionen – möglichst parallel, da die Komplexität wächst. Damit hat es die Säkularisierung immer einfacher Boden gut zu gewinnen und auch dort Einzug zu halten, wo es früher nicht denkbar gewesen wäre (volkschristliche Verbundenheit, die schon in der Familie geformt wird). In der ständischen Gesellschaft, die über Jahrhunderte unser Bild geprägt hat, war die Dominanz der Gruppe mit dem Sprecher maßgeblich. Die Richtung, die die Gruppe mit Ihrem Sprecher vorgab, war in dem Moment „richtig" und maßgeblich (ich gehe später noch einmal darauf ein). Die Leitplanken waren vorgegeben. In der funktionalen Gesellschaft muss sich der Einzelne die Leitplanken selbst schaffen. Und es ist nicht mehr vorrangig wichtig, WER etwas sagt, sondern WAS gesagt wird. Dies überfordert viele Menschen.

B) Seit vier Jahren arbeite ich, ein bis zwei Tage die Woche, in einem Bauunternehmen. In dieser Firma arbeiten, außer mir und meiner Frau, die bekennende Christen sind, nur Mitarbeiter/-innen, die dem islamischen Glauben angehören. Als bekennende Christen wurden wir von Anfang an anerkannt -auf Augenhöhe-, als glaubende Menschen. Um die Menschen in ihrem muslimischen Glauben besser verstehen zu können, habe ich angefangen Erklärungen und Verständniserläuterungen zum Koran (überwiegend von Bobzin) zu lesen. Das half mir weiter in meiner Unsicherheit. Allgemein war und bin ich erstaunt, mit welcher Freundlichkeit mir diese Menschen als Muslime, bei näherer Betrachtung, entgegenkommen. Und ich war und bin immer noch erstaunt, mit welcher Sicher- und Gewissheit sie ihren Glauben mir gegenüber bekennen. Nur sehr selten finde ich diese Eigenschaft bei den Christen in meiner direkten Umgebung. Durch das Vertrauen, was ich als Glaubender auf Augenhöhe jeden Tag erlebe, erfahre ich aber auch Momente, die einer Seelsorgesituation nahekommen. Dass diese Situationen genutzt werden können, um über Jesus, unseren Heiland zu reden, von IHM zu berichten, zu erzählen, was ER in den verschiedenen Stationen seines Lebens und Wirkens getan und gesagt hat, und welches Heilserlebnis ER mit seinem Kreuzestod erwirken will, habe ich natürlich genutzt. Solange mir mein Gegenüber die Zeit gegeben und zugehört hat, also es zugelassen hat.

C) Eine Überlegung hat mich seit diesen Erfahrungen bewegt: Ist eine Analyse des Umfeldes, der Kultur sowie der Sozialisierung nicht in jedem Fall - welchen Glauben mein Gegenüber auch immer hat und aus welchem kulturellen Umfeld sie/er auch immer kommt - in der Begleitung von Menschen in der entsprechenden Lebenssituation notwendig? Sind die kulturellen Unterschiede und sozialen Verschiedenheiten nicht in jedem Fall zu betrachten? Weiß ich zwangsläufig um diese Dinge, nur weil die Person in meiner Umgebung geboren wurde? Wenn die Identitätsbildung einer Gruppe oder eines Menschen -mit den einzelnen Personen als Mitglieder in der Gruppe- stark mit der in ihr lebendigen Tradition verknüpft ist und diese soziale Gruppe auch die Kultur prägt, dann darf ich sie bei einer Begleitung nicht außer Acht lassen. Mit diesem Hintergrund muss ich mich zwangsläufig um eine kulturelle Analyse bemühen, die die Gespräche begleiten. Das Wissen um die entsprechenden kulturellen, sozialen und persönlichen Hintergründe - mit der Identität in ihrer entsprechenden Tradition - sollte somit immer die Grundlage für das persönliche Gespräch bilden.

Die Kultur an sich kann den gleichen Maßstäben folgen, als Subkultur ist sie jedoch auf jeden Fall different. Die Sozialisation (Formung durch die Familie, Erzieher, Lehrer, Umfeld) in der Subkultur kann gleichen Ansprüchen unterliegen, muss sie aber nicht immer erfüllen. So ist zum Beispiel eine aus dem Milieu stammende Person ebenso einer zusätzlichen Analyse ihrer interkulturellen Hintergründe und soziokulturellen Zusammenhänge wert, wie jeder Mensch aus einer scheinbar fremden Kultur. Ja, jede Person ist es wert, dass wir uns ihrer Differenz bewusst werden. Besonders, oder gerade dann, wenn es sich um eine Begleitung, um ein Mitgehen auf einer kurzen Wegstrecke handelt. Es bestimmen viele Traditionslinien die Identität der ihnen angehörenden Mitglieder - der Bereich Religion gehört dazu - durch zum Beispiel gemeinsame Zeremonien und Rituale. Laut Max Weber und Clifford Geertz kann die Tradition auch definiert werden als eine auf Dauer gestellte kulturelle Konstruktion von Identität. In meinem Bewusstsein habe ich die eigene kulturelle Tradition immer auch als wahr und richtig empfunden. Unbewusst wurden andere Kulturen, Subkulturen und Traditionen als unverständlich und seltsam empfunden. Sie zu analysieren - in welcher Tiefe auch immer - war jedoch für mich kein Anspruch und wurde damit nicht zur Bedingung. Und die eigene Tradition mit dem dazugehörigen Umfeld bedarf im Allgemeinen keiner Begründung.

Grundlage der Seelsorge

Der Mensch als (sündhaftes) fehlerhaftes Individuum, einzigartig geschaffen, in Leib, Geist und Seele, erfährt seine Bestimmung in der völligen Hingabe zu seinem Schöpfer und letztendlichen Retter und Heiland seines Daseins. Durch seine Fehlerhaftigkeit sollte jedwede Art, dass er sich selbst oder andere heilen oder retten könnte, als unsinniges Tun gesehen werden. Das Arbeiten im Bereich der „Sorge um die Seele" ist zum Scheitern verurteilt, wenn nicht nur das Säen und Pflanzen, sondern auch das Wachsen und Gedeihen, vom Menschen ausgehen sollen.

Wer sich in diesem Feld tummelt, sofern er die Gabe unseres Heilands erkannt und angenommen hat, sollte immer mit einer Grundfrage und Grundhaltung sein Wirken verstehen: „Was würde Jesus tun?". Das Wirken unseres Herrn Jesus, im neutestamentlichen Kontext, zeigt uns den Seelsorger schlechthin. Er war und ist darüber hinaus in der Lage Menschen zu heilen, zu gesunden, zu retten. Wenn wir sein Tun in Augenschein nehmen, fallen folgende Schwerpunkte auf. Er hat die Einladung unseres VATERS, „in sein Reich (nach Hause) zu kommen", ausgesprochen und gelebt. Er hat die Möglichkeit dazu geschaffen, durch die Annahme seines Todes am Kreuz. Wir hätten diese Strafe verdient, ER aber hat sie getragen. Darüber hinaus hat ER uns gelehrt durch die Bergpredigt und durch Gleichnisse, wie wir leben sollen. Er hat Hilfe angeboten: „Kommt zu mir alle, die ihr mühselig und beladen seid", „Wer meine Stimme hört, und die Tür aufmacht, zu dem werde ich eingehen.", „Bittet so wird euch gegeben, suchet so werdet ihr finden, klopfet an, so wird euch aufgetan", „Ändert euer Leben und trachtet als erstes nach dem Reich Gottes". Was sollte bzw. könnte ein Seelsorger anderes tun, als darauf hinzuweisen? Das Wirken wird stets von Gott ausgehen, egal was wir tun. Dass Jesus dann noch in der Lage war, neben der Sorge um die Seele des Menschen, sie zu heilen, zeigt uns lediglich seine Allmacht und Größe.

Welchen Anspruch hat die Seelsorge?

Der neuzeitliche pastoral-psychologische Ansatz ist an sich eine gute Überlegung. Er könnte jedoch zu einem falschen Vorgehen führen. Dieser Ansatz könnte unter Umständen ein Tun hervorrufen, sich gedanklich als Konstrukteur und Anwendungstechniker darstellen zu wollen. Das ist jedoch konträr und überheblich dem gegenüber „nur" als Werkzeug oder Sämann gebraucht zu werden. Kann ein Blinder einen Blinden leiten?

Was siehst du den Splitter in dem Auge deines Nächsten, doch den Balken in deinem Auge siehst du nicht. „Alles", was nach dem Säen geschieht, liegt an der Barmherzigkeit und dem Willen Gottes.

Wobei das Erlernen von verschiedenen Methoden und Techniken der Gesprächsführung, -gestaltung und -durchführung sinnvoll ist und in der Begleitung hilfreich sein kann und will.

Welche Aufgabe hat die Seelsorge?

Anknüpfend an die Aussage, dass wir Sämänner und -frauen sind, das Wachsen und Gedeihen aber nicht in unserer Macht steht, kann unser Begleiten sich auch lediglich auf Zuhören, Beten und vorsichtiges Hinführen zu Jesus und seinem Wirken, unterlegt und vertieft mit eigenen Glaubenserfahrungen und Erzählungen, reduzieren. Die Sensibilität liegt eindeutig in der Vorgehensweise und Durchführung. Der narrative Ansatz sei an dieser Stelle explizit erwähnt. Dadurch soll die Versuchung beratend zu begleiten, gar nicht erst entstehen. Unsere Aufgabe kann sich somit auf das Begleiten, auf der Grundlage unseres Glaubens und damit unserer Überzeugung, dass Gott wirkt, beschränken. Wobei dies schon großen Anforderungen unterliegt. Jeder, der in der Seelsorge tätig ist und arbeitet, wird mir dies bestätigen. Den psychologischen oder psychotherapeutischen Ansatz sollte auch nur der oder die wählen, die etwas davon versteht. Das Wissen über zum Beispiel J.B. Jung oder Adler ermächtigt uns noch lange nicht die entsprechenden Modelle für die beschriebenen Situationen anzuwenden. Ein tiefergehendes Studium ist diesbezüglich notwendig. Aus diesem Grunde sollten wir uns auf unsere Aufgabe als Begleiter im Glauben mit der tiefen Bitte, dass unser HERR doch wirken möge, konzentrieren. Das ist in manchen Fällen schon eine Anforderung, die auch überfordern kann.

Gesellschaftliche Veränderungen
„Amorphe Gruppenbildung löst kristalline Strukturen der ständischen Gesellschaft auf"

Die Zahl der ausländischen Mitbürgerinnen und Mitbürger in Deutschland steigt, durch Migration und Geburten bedingt, jedes Jahr deutlich an - ca. 280000 ohne Berücksichtigung der Aussiedler -. Nach dem Ausländerbericht der Bundesregierung lebten im Jahr 2019 rund 21,2 Millionen Menschen mit Migrationshintergrund in Deutschland. Ihr Bevölkerungsanteil beträgt ca. 26 %. Die größte Bevölkerungsgruppe stellen die Türken mit ca. zwei Millionen dar, gefolgt von Menschen aus den Balkanstaaten, Italien und Griechenland.

Auch sind polnische (783 Tsd.), italienische (611 Tsd.) sowie rumänische (534 Tsd.) Staatsangehörigkeiten vertreten. Der Ausländeranteil in den alten Bundesländern ist erheblich höher als in den neuen. Ein Großteil dieser Menschen bleibt für eine gewisse Zeit (19,6 % über 25 Jahren, 29,6 % zwischen 10 und 25 Jahren, 29,8 % ca. 4 bis 10 Jahre) in Deutschland. Dazu kommen noch die zahlreichen Flüchtlinge aus Ländern, wo Krieg an der Tagesordnung ist. Deutschland ist faktisch zu einem Einwanderungsland geworden. Die Gesellschaft steht vor der doppelten Aufgabe, die Fremden zu integrieren und gleichzeitig der Pluralität der Kulturen Rechnung zu tragen.

Integration

Ethnisch/religiöse Konflikte zwischen Völkern, Gruppen und Einzelpersonen - seien es Spannungen im Nahen Osten, in Afrika oder im fernen Indonesien - ernüchtern auch die größten Romantiker unserer Zeit über eine reibungslose Integration. Damit verbunden scheint es mir existent, dass Multikulturalität immer noch in einer breiten Bevölkerungsschicht eher als Störung und Gefahr, anstatt als eine Bereicherung gesehen wird. An dieser Störung kommt die Gesellschaft nicht vorbei. Es ist nicht nur eine politische Aufgabe, sondern auch und vielleicht eher noch eine gesellschaftliche. Seelsorge ist Teilprozess des gesellschaftlichen Lebens (Seelsorge ist eine verbale und durch andere Zeichen vermittelte Interaktion im kirchlichen wie individuellen Kontext).
Man kann Seelsorge bezeichnen als ein personal vermitteltes, thematisch strukturiertes, kontextuell eingebettetes Beziehungsgeschehen mit Gottesbezug. Die persönliche geistliche Begleitung und Unterstützung eines Menschen, insbesondere in Lebenskrisen durch eine(n) entsprechend ausgebildete(n) *Seelsorger(in)*, meist einem Geistlichen der jeweiligen Konfession oder Religion, so Joachim Scharfenberg und Christoph Morgenthaler. In einer funktionierenden Gesellschaft sollten die Änderungen, die sich in ihr vollziehen, nicht nur wahrgenommen, sondern auch versucht werden, sie zu gestalten. Damit verlangt die Integration unsere volle Aufmerksamkeit im konstruktiven Miteinander, damit verbunden selbstverständlich auch in der Seelsorge.
Christoph Schneider-Harpprecht schreibt dazu:
„Die multikulturelle und multireligiöse Realität hat die Seelsorge eingeholt. Sie ist eine Störung, die sich auf die Dauer nicht ausblenden lässt. Sie mag zunächst durch den Hauch des Exotischen faszinieren, entpuppt sich aber bald als eher irritierend und unangenehm, denn im Umgang mit Fremden merken Seelsorgerinnen und Seelsorger, dass sie mit ihrem Latein schnell am Ende sind, weil die sprachliche

Verständigung nicht klappt, weil es zu Missverständnissen kommt oder weil sie keine Interventionsmöglichkeit sehen und sich ohnmächtig fühlen" (aus: Was ist interkulturelle Seelsorge?).

Interne gesellschaftliche Umbildung

„Die gesellschaftlichen Änderungen – Moderne - haben Auswirkungen auf die Identitätsproblematik von Individuen, auf individuelle Lebenslagen und Lebensformen. Dabei sind Perspektiven existent, wie die individualistische Einführung pastoral-psychologischer Seelsorgekonzepte, die von dem entsprechenden Fachpersonal einzubinden sind. Zugleich macht die systemtheoretische Analyse deutlich, dass Seelsorge nur als religiös-qualifizierte Kommunikation eine **unersetzliche** Funktion für die Menschen in der funktional differenzierten Gesellschaft hat."
Nur wenn Seelsorge ihre spezifischen Ressourcen und Sinnformen sensibel und differenziert einzusetzen weiß, wird sie den Herausforderungen der Moderne gerecht. Isolde Karle beschreibt in ihrer Ausführung: „Seelsorge in der modernen Gesellschaft" den Wandel von der ständischen zur funktional differenzierten Gesellschaft.
„Die Gesellschaft war bis ins 18. Jahrhundert hinein primär nach Schichten differenziert. Die verschiedenen Teilsysteme der ständischen Gesellschaft standen dabei zueinander in einer hierarchischen Beziehung. Das heißt: nicht *was* gesagt wurde, sondern *wer* etwas sagte, welchem Stand er oder sie angehörte, war entscheidend. Man war entweder Bäuerin oder Adliger oder Kleriker oder Bürger und identifizierte sich alternativlos mit seinem jeweiligen Stand. Die Zuordnung einer Person zu einem Stand oder einer Schicht bezog sich dabei auf das ganze Leben. Individualität in unserem Sinn gab es nicht. Die Menschen waren als ganze, korporativ, mit Leib und Seele, eingebettet in Haushalte, Klöster oder Zünfte und hatten dort ihren Ort, ihre dauerhafte Lebensform. In dieser festen Lebensform fanden sie Sinnsicherheit und eine stabile Identität."
„Die moderne Gesellschaft ist nun nicht mehr primär nach Schichten geordnet, sondern orientiert sich mehr an **Funktionen.** Der Umbau von der ständischen zur funktional differenzierten Gesellschaft brachte weitreichende Auswirkungen für das Selbstverständnis und die Lebenslagen von Individuen mit sich. In der funktional differenzierten Gesellschaft können Menschen nicht mehr voll und ganz in ein gesellschaftliches Teilsystem integriert werden. Sie nehmen vielmehr an vielen verschiedenen Funktionssystemen gleichzeitig teil.

Moderne Individuen müssen sich aufspalten, sie sind gleichsam dividuiert und partizipieren am Wirtschafts-, Bildungs-, Politik- oder Religionssystem zugleich. Sie können sich dabei mit keinem dieser Funktionssysteme ganz identifizieren. Immer nehmen sie nur zeitweise und in ganz spezifischer Hinsicht an einem (sozial) System teil."

Seelsorgesituationen: Alltagssituationen, undefiniert

Was ist eine Seelsorgesituation? Wann muss, wann darf ich mir Sorge um die Seele des anderen machen?
1. Freunde treffen sich, gehen zusammen aus, essen zusammen. Anschließend geht es noch auf ein Glas Wein oder Bier in die bekannte Gaststätte. Nicht selten kommt es im Laufe des Abends zu Begebenheiten, die – bei näherer Betrachtung – einer beginnenden Seelsorgesituation entsprechen. Wir erfahren, dass die Mutter des Freundes im Sterben liegt und er, der Erzähler, merklich nur sehr schwer mit der Situation umgehen kann.
2. Ein guter Bekannter erzählt an der Theke: „Meine Frau stirbt". Warum erwähnt er es? Will er darüber reden, braucht er Hilfe?
3. Am Rande des Fußballplatzes, beim Zusehen des Spiels, erwähnt ein Zuschauer, dass er schon seit über einem Jahr arbeitslos ist und die „Schnauze so richtig voll hat".

Der eine oder andere sagt dazu: Alltagssituationen. Haben wir die Sensibilität, das feine Gespür einer Situation, die das Bemühen um die Seele eines anderen herausfordert, verlernt? Sind wir diesbezüglich abgestumpft und werden es immer mehr? Oder gibt es Dinge, der man sich nicht annehmen sollte, da aus ihnen heraus der Alltag schreit oder wir uns selbst darin erkennen? Wie wir es auch immer sehen wollen, ein Aufschrei aus dem Alltäglichen ist es in jedem Fall. Schon allein, weil es angesprochen wird. Es gibt sicherlich mehrere Wege, dieser Situation, will ich sie denn für mich wahr werden lassen, zu begegnen. Der eine Weg ist ein freies Angebot zum Gespräch. Mein Gegenüber hat dann die Wahl: „Ja, das nehme ich an" oder „Nein danke, ich wollte es nur mal erwähnt haben, komme aber sehr gut allein damit klar.". Egal, was ich jetzt denke oder fühle. Fakt ist, dass die Spannung, in dem Fall, aus der Situation, von der entsprechenden Person selbst herausgenommen worden ist. Der zweite Weg ist der progressivere. Nicht mit der Frage, ob die Person ein Gespräch will, sondern wann das Gespräch stattfinden soll: „Ich habe die ganze nächste Woche Zeit und würde mich gern darüber mit dir unterhalten, vielleicht finden wir beide einen guten Weg" – damit kann ich die Spannung aufrechterhalten.

Definierte Seelsorgesituationen

Einige Autoren und Wissenschaftler, die sich um die Seelsorge als Lehre bemühen, bilden Kategorien, Themen-Schwerpunkte, sie bilden „Seelsorgegruppen".
Sie 'unterscheiden zum Beispiel zwischen Krankenhausseelsorge, Notfallseelsorge oder Telefonseelsorge, um nur die eine oder andere Kategorie zu benennen. Dieser Ansatz der Kategorisierung ist zur Benennung der Situation sicher nützlich, für die Seelsorge per se ist sie jedoch nicht wesentlich. Auch die Unterteilung, wahrscheinlich zur Auflösung der Komplexität geschaffen, in intentionale Seelsorge als Krankenhausseelsorge, die funktionale Seelsorge als zum Beispiel das Traugespräch und die dimensionale Seelsorge als Gemeindearbeit ist nicht wirklich hilfreich. Das gesamte Aufgabenfeld steht darüber hinaus noch in dem Spannungsfeld zwischen dem reinen theologischen Ansatz auf der Grundlage der Bibel und dem psychologisch-, therapeutischen Ansatz auf der Grundlage der Psychologie. Die Theologie geht von dem Primat der biblischen Seelsorge, die Psychologie von dem Primat der Therapie aus. Eine letztendliche Entscheidung, welcher Ansatz gewählt wird, bleibt jedem Einzelnen überlassen. An dieser Stelle möchte ich eine Möglichkeit darstellen, die sich wieder auf den Ursprung der Seelsorge bezieht. Ich möchte die Arbeit nicht top-down, sondern button-up betrachten und mich direkt an die kleinste Einheit, nämlich die Seele, wenden. Jesus hat sein Wirken nicht in Kategorien geteilt oder die Themenschwerpunkte differenziert betrachtet. Ihm ging es in der Sorge um die Seele darum, Menschen für sich und das Reich Gottes zu gewinnen. Meine Vorgehensweise geht von drei Faktoren aus, die getrennt, aber auch als Schnittmenge gesehen werden sollten. Faktor-A, „Der Prozess", ist die Schaffung einer „(Ablauf)-struktur", Faktor-B ist die „Erweiterte Analyse", und Faktor-C ist die „Methodische Vorbereitung auf ein Gespräch". Alles in allem sind diese Bestandteile auch in den Alltagsseelsorgesituationen anzuwenden.

Faktor A „Der Prozess"

Warum ist die Schaffung einer Struktur wichtig? Es geht im Grunde genommen um die eigene Sicherheit. Eine Beziehung muss hergestellt, Anliegen und Auftrag müssen geklärt werden. Einfach mal „das Heft in die Hand nehmen" und mit anderen über „sensible Themen" reden, geht gar nicht und kann leicht zu einer Übergriffsituation führen. Das Modell beschreibt die Struktur einer Sitzung ebenso, wie die Struktur der gesamten Sitzungen, die in einer Begleitung entstehen können. Entwickelt, auf der Basis des pastoral-psychologischen Herangehens von Martin Drogat (siehe auch Semesterverzeichnis: Einführung in die Poimenik, Hochschule TABOR Marburg 2020) wurde sie von mir für die begleitete Herangehensweise geändert.

Das Model „BAILA"

B   Die Beziehungsebene
     Beziehung herstellen → Setting vorbereiten
                     → positiv Kontakt aufnehmen, Zuhören, Verständnis entwickeln (siehe auch „erweiterte Analyse")
                     → positive Erwartungen formulieren
                     → Vorstellung meiner Begleitung mit den Bestandteilen: Zuhören, Hinführung zu Jesus und Stärkung durch Gebet und Hingabe

A   Anliegen und Auftrag klären
     Anliegen Klärung   → Was soll meine Anwesenheit/ meine Begleitung für dich und deinen Seelenzustand bringen? Was ist dein Wunsch? Was ist realistisch?
                     → Ist ein Gottes- und Lebensbild vorhanden und wenn ja, welches? Darf darüber geredet werden?
                     → Gibt es eine psychologische Betreuung, deren Arbeit im Gebet begleitet werden soll oder kann?
                     → Was soll für dich nach dem/n Gespräch/en anders sein?

Themenverständigung → Welche/s Thema/en soll/en reflektiert werden, um eine Annäherung an die gewünschte Verbesserung zu bekommen? Darstellung eines positiven Daseins.

→ Thema/en definieren, positive Beschreibung, es gibt kein Thema, was ausgeschlossen wird (Leben). Eventl. Ziele benennen mit der Beschreibung der Schritte, die dazu führen sollen.

I Intervention
Methoden

→ Fragestellungen zu den Themen entwickeln, Ressourcenorientierte Feedbacks erhalten. Mein Gegenüber verstehen lernen. Durch Spiegeln als Reflexion zur Erzählung aus der Situationsebene oder aus dem Lebensabschnitt.

→ Themen positiv begleiten durch z.B. Reframing. Auch mit Gleichnissen, Parabeln und Allegorien der Bibel in Verbindung bringen.

→ Welche Bibelübersetzung wählen wir?

→ Was sagt die Bibel zu dem Thema (Hermeneutischer Ansatz mit der Annäherung durch Kontextualisierung nach Prof. Braun, FTH Gießen)

→ Gebetsform: Welche Möglichkeiten der äußeren Haltung wollen wir wählen? Z.B. Falten der Hände oder meditativ, durch öffnen der Hände als Symbol, dass der Geist Gottes wirken möge.

→ Gebetsinhalt: Sollen die Gebetsanliegen verschriftlicht oder lediglich benannt werden?

L Lösungsansätze finden

→ Reflexion: Was war wichtig für dich im Gespräch (Reflexion deiner Erzählung/en).

→ Haben sich neue Ansätze für die zu
begleitende Person gebildet.
→ Was wollen wir davon ins Gebet bringen
und wie (siehe auch I, Methoden,
Gebetsinhalte).

A   Abschluss

→ Danke für das Vertrauen.
→ Z.B. Wann oder soll ein weiteres Treffen
stattfinden?

Faktor B „Die erweiterte Analyse"

Wie kann ich Menschen in der Moderne (funktional differenzierenden Gesellschaft mit multikulturellen Bestandteilen) begegnen? Ist es ausschließlich die Aufgabe der Psychologie, bei Schwierigkeiten, diese Seite des subkulturellen Nebeneinanders zu betrachten, sich seiner anzunehmen, und dann -natürlich erst dann-, wenn es zu Schwierigkeiten kommt? Ich denke, dass Seelsorge (Sorge um die Seele des anderen durch Hilfe in wichtigen Lebensfragen) nicht an den Schwierigkeiten und Konflikten vorbeikommt, die aus der Interkultur entstehen. Das Zusammenleben findet nicht nur in Enklaven von ausländischen Gemeinden oder Enklaven von Atheisten oder wenigstens Gruppen, die sich der religiösen Wirklichkeit verschließen, statt. Das Zusammenleben findet in unseren Ortsgemeinden der Kirchen statt. Dass Interkulturalität nicht nur durch den andersgläubigen Migranten existent wird, sondern auch durch den Nachbar, der wohlgemerkt getauft und konfirmiert ist, seine religiöse Erscheinung aber durch die Aussage zum Besten gibt, dass es sicherlich einen Gott geben muss, aber Genaues wisse man ja nicht. Viele Menschen leben volkskirchlich nach dem Primat: „Die Sache mit diesem Gott, die hat noch Zeit. So alt bin ich noch nicht. Und bis dahin halte ich mir die Kirchenbank frei". Auch das ist Interkultur. Wir werden – mit offenen Augen – jeden Tag damit konfrontiert, wenigstens daran erinnert. Damit haben wir es mittlerweile in allen Bereichen unseres Lebens mit Interkulturalität zu tun. Ein Schaubild von Prof. -Reinhard Lang zeigt uns vereinfacht, die Differenz, aber auch die Schnittmenge. Diese ist nicht nur zu beachten, sondern sie ist es wert herausgearbeitet zu werden. Erst wenn ich ein Verständnis zu dieser Differenz entwickelt habe, wird bewusst, dass nicht alles „fremd" ist. Der Ausgangspunkt für die weitere Arbeit in der Seelsorge wäre damit geschaffen.

Jeder gemeinsame Nenner ist Annäherung und Bereicherung in einem Gespräch, was ressourcenorientiert geführt werden kann und will. Und wenn es auch nur darum geht, dass mein Gegenüber einen geneigten Zuhörer gefunden hat, der ihm keine Vorschriften machen will, wie er leben soll, sondern gespannt ist, was er aus dem Leben lernen kann.

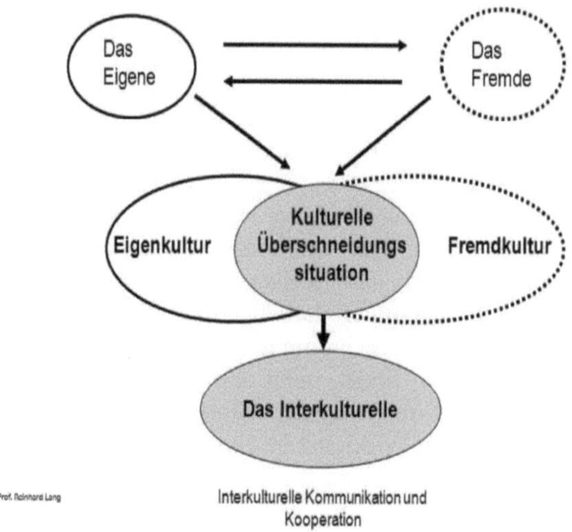

Wenn die (kulturelle) Überscheidungssituation erkannt wird und ein echtes Interesse an einer Gesprächsbeziehung (beidseitig) besteht, dann müssen wir uns ein umfangreicheres Bild verschaffen als es der Erkennungsfaktor ausmacht.

Schaffung eines Umfangreichen Bildes nach Helmut Weiß

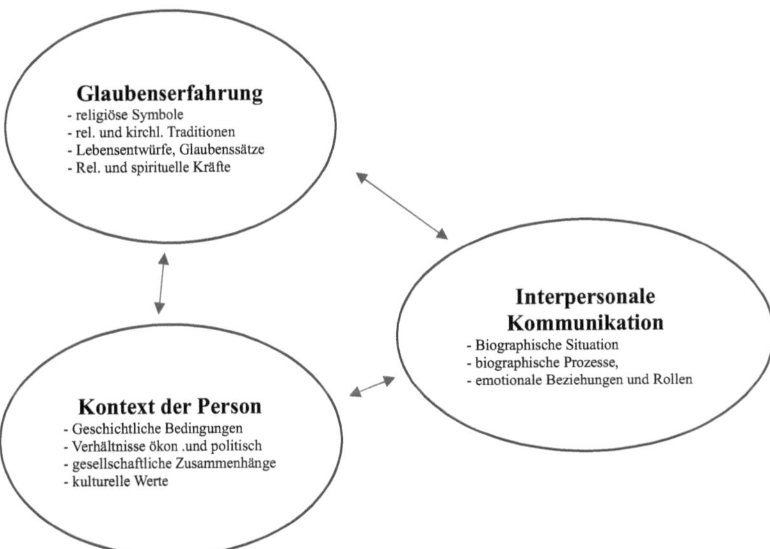

Mit dieser konkreten Auseinandersetzung soll die Annäherung an die sozio-kulturellen Aspekte hergestellt werden. Das führt uns zu praktischen Schritten der erweiterten Analyse. Laut Weiß soll die Wahrnehmung der Differenz durch die erweiterte Analyse in Erfahrung gebracht werden.

3 Bewegungen (praktische Schritte) zur erweiterten Analyse werden von Helmut Weiß betrachtet:

- **Anerkennung der Differenz**
- **Erforschung der Differenz**
- **Beziehungsgestaltung in der Differenz**

Sie sind nicht voneinander trennbar, sondern beziehen sich, ja überlagern sich. Und doch ist es gut, sie in der Reflexion getrennt zu behandeln, um ihre Bedeutung zu erfahren.

Es geht dabei nicht nur um Informationen. Ich muss mich mit dem Seelsorgesuchenden in Beziehung setzen. Ich muss mich in eine fremde Welt von Beziehungen, Bezügen, Gefühlen, Einstellungen und Werten wagen, aus der ich nicht komme, die ich in den Ausmaßen vielleicht nicht kenne. Für den Beziehungsaufbau ist sie jedoch eine Pflicht.

Beispiel 1 (von Helmut Weiß, Interkulturelle Poimenik)
Ein Seelsorger trifft in einem Krankenhaus auf einen älteren Patienten aus Afrika, der schon seit etlichen Jahren in Deutschland lebt. Sein Sohn und dessen Familie wohnen allerdings in einer anderen Stadt. Der Patient ist in sich gekehrt, redet nicht viel. Der Seelsorger fragt nach Schmerzen, nach seinem Befinden, erfährt wenig von seinen Verhältnissen. Da das Gespräch nicht in Gang kommt, verabschiedet er sich bald. Er ist unzufrieden mit dem Verlauf, bringt dieses Gespräch in eine Reflexionsgruppe ein und möchte wissen, was er hätte tun können, um den Kontakt zu intensivieren. Bald stellt sich heraus, dass er diesen Mann wie andere Patienten auch behandelt und sich nicht für seinen kulturellen Kontext interessiert hat. Er hatte gemeint, dieser Mann würde seine Krankheit, seine Situation so betrachten wie andere auch, er würde sich so fühlen, wie er das schon oft von Männern in ähnlicher Situation gehört hatte.
In dieser Reflexion wurde dann erörtert, dass es auch ganz anders sein könne, weil dieser Mann wahrscheinlich durch seine kulturelle Prägung und durch seine Lebensgeschichte seine Situation auf seine Weise erlebe.

Wie oft gehen wir in Begegnungen hinein, wo wir denken, wir wüssten was sich da abspielt. Unsere Vorstellungen über die Person sollen wahr werden. Damit sind wir nicht mehr frei für anderes. Hilfreich wäre es sicherlich gewesen, wenn der Seelsorger in die Begegnung mit dem Mann hineingegangen wäre mit der Haltung:

„Dieser Mensch ist anders als ich, ich weiß nichts von ihm"

Zur Unterstützung wären die Arbeiten von Prof. -Julian Müller, Prof. für Praktische Theologie in Afrika, hilfreich. Er schlägt in diesen Fällen den „narrativen Ansatz" vor. Er sagt:
„Das narrative Verständnis impliziert, dass der Therapeut oder die Therapeutin sich selbst in eine Position des Nichtwissens begibt."
„-Wir können nur fragend und wissbegierig die Schwelle der Verschiedenheiten überwinden."

Das Erkennen bzw. das Anerkennen der kulturellen Differenz wäre also ausschlaggebend gewesen. Dazu gehören „kulturelle Naivität und respektvolle Neugier". Wenn ich mich mit dieser Differenz vereinbaren will, muss ich sie erforschen.

Zur Erforschung der Differenz ein zweites Beispiel von Helmut Weiß

Eine Pfarrerin macht einen Hausbesuch zum Geburtstag eines Gemeindegliedes. Allerdings liegt der Jubilar im Wohnzimmer auf der Couch, da er krank ist. Seine Frau versorgt ihn. Der Mann erzählt ein wenig von sich, sagt aber dann, dass es bei ihm „zu Hause" so etwas nicht gegeben habe, nämlich Pfarrerinnen. Es stellt sich heraus, dass er aus Siebenbürgen stammt. Das sei doch nicht richtig, dass Frauen vor dem Altar und auf der Kanzel stünden, sie könnten das Evangelium nicht so vertreten, wie das Männer können, die seien doch viel stattlicher. Die Pfarrerin fühlt sich angegriffen und verletzt, in ihr steigen Aggressionen hoch. Diese beherrscht sie aber und führt keine Diskussion zu diesem Thema, da sie es beim Geburtstag nicht zu einem Eklat kommen lassen will. Nach kurzem Besuch geht sie. Bei der Verabschiedung an der Haustür entschuldigt sich die Frau des Jubilars für die Äußerungen ihres Mannes. In der Gruppe nun möchte die Pfarrerin wissen, ob sie ihre Aggressionen hätte aussprechen sollen oder nicht.

Die Seelsorgerin war viel zur sehr in Emotionen gefangen, sodass hier ein Gespräch mit Begegnung nicht aufkommen konnte. Die Unterschiede nimmt sie wahr, aber sie versteht sie nicht und will sie auch nicht verstehen. Eine Erforschung findet nicht statt. Sie fragt nicht nach den Bildern und Erfahrungen, wenn er sagt, so etwas hätte es bei ihm zu Hause nicht gegeben. Sie fragt nicht, was er mit „stattlich" meint und was ihm das bedeutet. Sie fühlt sich herabgesetzt und ist dadurch verhindert, auf diesen Mann neugierig zu sein und eine Beziehung aufzubauen.

Die Frage, die wir uns in dem Zusammenhang stellen müssen, lautet: Ist meine Sicht als Seelsorgerin oder Seelsorger die einzig mögliche oder richtige?

Ein letztes Beispiel von Helmut Weiß zur Erkennung und Erforschung der Differenz

Es geht um Besuche einer Seelsorgerin in einem Krankenhaus bei einer Patientin, die aus Thailand stammt.

Die Seelsorgerin erfragt zuvor Informationen: – Sie stammt aus Thailand und ist noch nicht lange in Deutschland, sie ist an Krebs erkrankt, sie ist verheiratet und hat einen kleinen Jungen, für die Familie hat sie ihren Lehrberuf aufgegeben, sie ist sehr religiös und betet jeden Tag den

Rosenkranz, sie spricht kaum Deutsch aber ein gutes Englisch. Ihr Zustand hat sich so sehr verschlechtert, dass sie längere Zeit im Krankenhaus bleiben muss. Die Krankenhausseelsorgerin stellt sich bei ihr vor und fragt, ob sie sie besuchen dürfte. Die Patientin erwidert ein freundliches Ja. Aufgrund der ernsten Lage besucht die Seelsorgerin die Patientin zweimal wöchentlich. Sie liest ihr aus der Bibel vor und liest Lieder aus dem Gesangbuch. Eines Tages kommt sie gegen 11 Uhr zu der Patientin. Sie nimmt gerade eine Suppe zu sich, die ihr eine Mitpatientin gegeben hat. Die Seelsorgerin fragt, ob sie während des Essens nicht lieber draußen warten soll. Die Patientin antwortet mit Nein, sie könne bleiben. Während die Seelsorgerin wartet, nimmt die Patientin ihren Teller, schüttet den Rest der Suppe in eine Thermoskanne. Dann dreht sie sich um und sagt der Seelsorgerin:

- „Ich kann nicht essen, während Sie mir zusehen
- Außerdem will ich nicht mehr, dass Sie mir aus der Bibel vorlesen."
- Die Seelsorgerin entschuldigt sich.
- Die Patientin: „Das ist nicht meine Art des Glaubens.
- Ich glaube an die Mutter Jesu -Sie beten zu Gott.
- Ich bete jeden Morgen den Rosenkranz: „Mutter Gottes hilf mir.."-
- So bin ich von meiner Mutter erzogen worden, Ihre Art hilft mir nicht.
- Bitte besuchen Sie mich nicht mehr.
- Bitte verstehen Sie mich richtig, unsere kulturellen Unterschiede sind einfach zu groß, dass Sie mir helfen könnten. Verschwenden Sie Ihre Zeit nicht mit mir, und seien Sie mir nicht böse".

Die Seelsorgerin war im guten Glauben, dass die faktische Informationssammlung ausreichen würde, die Patientin zu begleiten, denn sie war ja christgläubig. Im anschließenden Gruppengespräch wurde deutlich, dass die Patientin als Thailänderin nie eine Frage der freundlichen Annäherung mit „nein" beantworten würde, das ist für eine Thailänderin „unhöflich". Allein dieser kulturelle Unterschied, neben der Sprache, hat schon für Verwirrung und Missverständnisse gesorgt. Eine gründliche Erforschung der Differenz war nicht gegeben, weil die Differenz nicht erkannt wurde.
Damit konnte keine Beziehungsgestaltung bzw. kein Beziehungsaufbau in der Differenz stattfinden. Werkzeuge wie das „einfühlende aktive Zuhören" mit der Haltung des „neugierigen Nichtwissenden (narrativer Ansatz)" hätten sicherlich mehr Nähe gebracht.
An dieser Stelle ist ein zweites Modell zur inhaltlichen Arbeit an der Erkennung der Differenz hilfreich. Es stammt von Daniel Johannes Louw aus Südafrika, einem Prof. für Praktische Theologie.
Er verfolgt die „Pneumatologische Perspektive", die die menschliche Person als Pneuma beschreibt.

„Der Mensch als Pneuma ist das Zentrum eines christlichen Verständnisses einer Person". Die drei grundlegenden Bewegungen (Erkennen, Erforschen und Gestalten) nach Weiß, bleiben aber auch hier als Pflichtberücksichtigung bestehen.

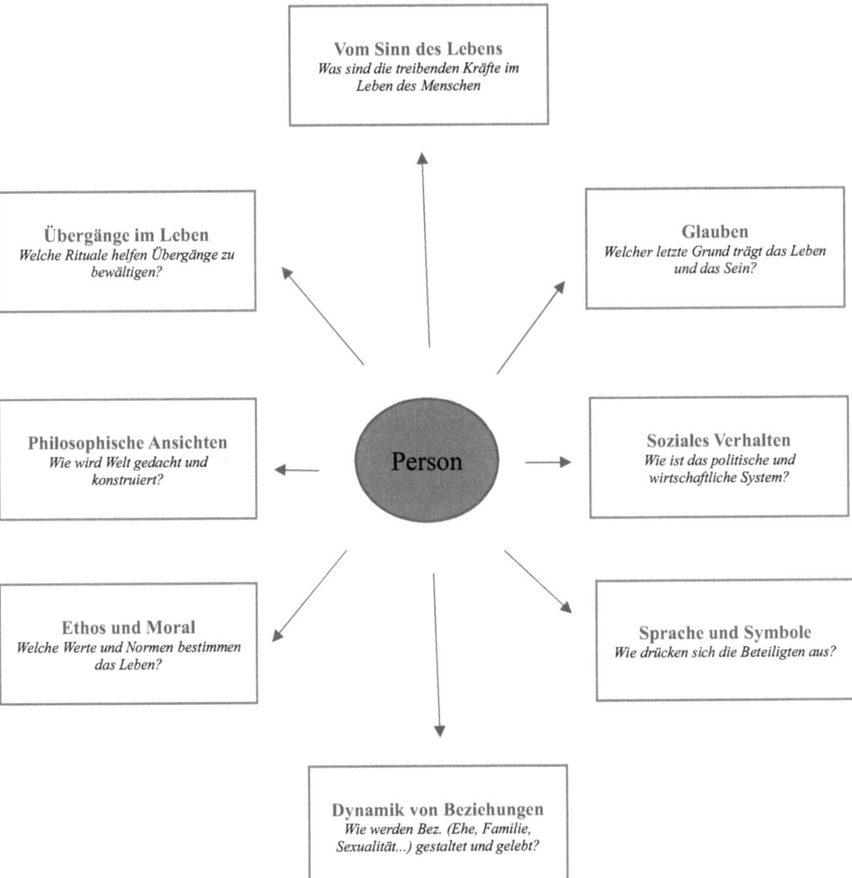

Im Gegensatz zu Helmut Weiß (in seiner: „Schaffung eins umfangreichen Bildes") ist das Modell differenzierter, damit jedoch auch intensiver. Der Gebrauch nach Weiß oder Louw ist sicher abhängig von der Tiefe, in die der Seelsorger, die Seelsorgerin eintauchen will oder muss.

Resümee aus den Beispielen und eigene Ansätze:

Die Analyse: „Erkennen, Erforschen und Gestalten der Differenz" sind Pflichtbewegungen. Sie mit Werkzeugen – wie aktives Zuhören, offene W-Fragen, narrativer Ansatz, Reframing und Spiegeln- aus dem therapeutischen Bereich zu begleiten und darüber hinaus das Erforschen der Differenz mit dem Bild der „Erschaffung eines umfangreichen Bildes" nach Weiß oder der „pneumologischen Perspektive" nach Louw zu vertiefen, scheint nicht nur angebracht, sondern zwingend zu sein. Erst dann befinde ich mich intensiv in der Beziehungsebene.

Die Beziehungsgestaltung in der Differenz, so meine Erfahrung, wird schon mit der neugierig, offen fragenden Erforschung hergestellt. Die eigene Haltung dazu ist entscheidend. Auf Geschichten zu hören und auf sie einzugehen -auch in Form von Spiegeln der Geschichten- kann Beziehungen, neben dem einfühlenden, – aktiven Zuhören, herstellen. Die Seelsorgerin, bei der thailändischen Patientin, ist viel zu sehr mit ihren eigenen Themen beschäftigt, als dass sie überhaupt eine Geschichte hören wollte oder eine neugierige Haltung gezeigt hätte. Die Differenz wurde schon gar nicht erkannt, noch weniger erforscht. Die Patientin hatte keine Chance, ihre Geschichte zu erzählen. Damit kam keine oder lediglich eine oberflächliche Beziehung auf. Nach Martin Drogat macht die Beziehung 80% in der Seelsorge aus. Mit dieser Geschichte wird der Ansatz plausibel. Diesen Ansatz ergänzend möchte ich, wenn Prof. Lang noch neutral bleibt, mit dem Erkennen des Gemeinsamen, eine offene Haltung mit Neugier für das Fremde entwickeln → **Anerkennung mit dem Wunsch nach Erforschung.**

Überschneidungssituation nach Prof. Lang überarbeitet auf die Sozialisation/Kultur als Beziehungsgeschehen in jeder Seelsorgesituation

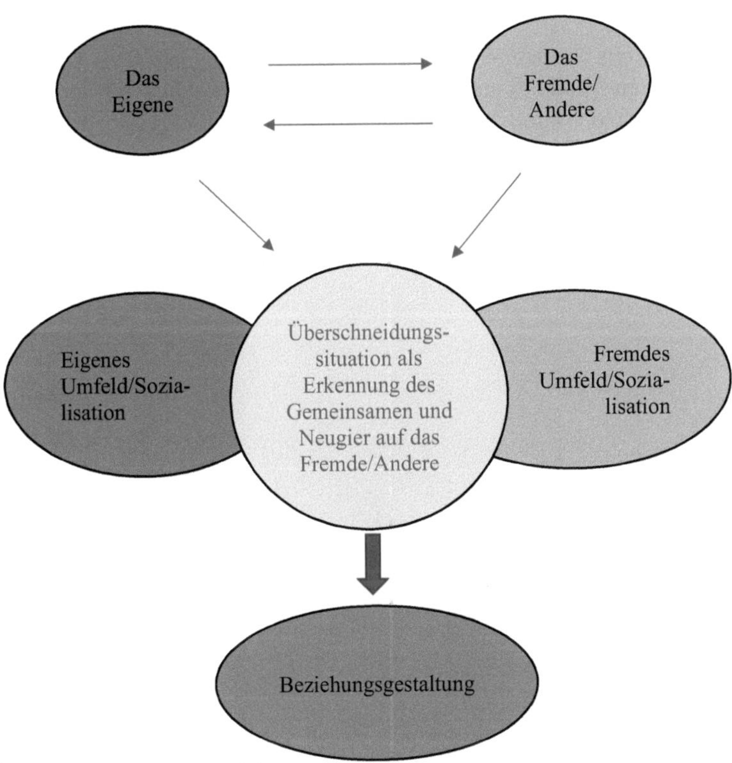

Änderung/Angleichung: P.G. Jäckel

Alles in allem ist der Ansatz nach Weiß:

- **An(Erkennung) der Differenz**
- **Erforschung der Differenz**
- **Beziehungsgestaltung in der Differenz**

für die Arbeit in der Seelsorge grundlegend.
Diese Grundsätze sollten in der Arbeit als Seelsorgerin, als Seelsorger Priorität einnehmen. Es wäre also immer erst einmal zu prüfen, ob eine Differenz vorliegt. Auch wenn der Seelsorger, die Seelsorgerin davon ausgeht, dass dies vermutlich nicht -offensichtlich- erkennbar ist.

Der Ansatz, dass immer eine Differenz vorliegt, als normativer Bestand, scheint mir relevanter und sicherer in der Prozessbearbeitung zu sein. Es ist und bleibt natürlich methodische Arbeit, die äußeren und emotionalen Bedingungen einer Person ins Blickfeld zu nehmen.

Die interkulturelle Seelsorge öffnet dabei weitere Horizonte. Das von Gott geschaffene Individuum „Mensch" hat ein Recht, auf sein kulturelles Umfeld. Damit beweist die interkulturelle Seelsorge, dass keine Kultur oder bestimmte Kulturen, Anspruch auf eine letzte Gültigkeit haben und sie sorgt dafür, **Gott** die Ehre zu geben.

Faktor C „Die methodische Vorbereitung auf ein Gespräch"

Die Gesprächsführung

Grundlage und Basis ist die Haltung des Begleitenden nach Carl Roges: „Es setzt ein positives Menschenbild voraus. Es sollte ressourcenorientiert sein und dem Seelsorgesuchenden etwas zutrauen".

Die bedingungslose Akzeptanz des Gegenübers (mit allem, was er fühlt, getan hat, tut oder sagt), gehört dazu. Ein hohes Einfühlungsvermögen, wertschätzender Umgang, Echtheit und Authentizität, Kongruenz (keine professionelle Maske) ebenso. Methoden wie zum Beispiel das Spiegeln: „Gefühlen Worte geben, Wiederholen von Aussagen in Bezug auf sein eigenes Leben als Begleiter" sollten Anwendung finden.
Was bedeutet Spiegeln in der Kommunikation?
Beim **Spiegeln** gibt der/die Seelsorger/-in mit eigenen Worten wieder, was der/die zu Begleitende gesagt hat. Das signalisiert Interesse und schafft Vertrauen. Zusätzlich hilft es Missverständnisse auszuräumen. Der/die zu Begleitende hat damit die Möglichkeit zu erkennen, ob der/die Seelsorger/-in das Gesagte richtig verstanden hat und kann -bei Bedarf- einlenken.
Dieses „aktive Zuhören" verneint jegliche Art der Bewertung und lässt den/die zu begleitende Person freien Spielraum zur eigenen Lösungsfindung. Eine weitere Möglichkeit ist, dass Reframing anzuwenden. Die ersten einmal negativ erscheinenden Dinge und Sachlagen positiv wiedergeben. Denn jede Stärke hat ihre Schwäche und jede Schwäche hat ihre Stärke.
Warum Reframing?

Was hat **Reframing** für einen Nutzen? **Reframing** hilft dir dabei, deine eigene Wahrnehmung zu verändern – sprich, bestimmte Dinge in einen neuen Rahmen zu packen.

Die Bedeutung eines Ereignisses, einer Aussage oder eines Verhaltens ist nämlich abhängig vom jeweiligen Rahmen, dem wir ihnen geben. Insbesondere das Bedeutungs-Reframing sei hier genannt.

➤ Das Bedeutungs-**Reframing**: Hier ändern sich weder der Kontext noch die Situation, sondern allein unsere Gedanken darüber. **Beispiel**: Sie können sich über die Pfotenabdrücke des Hundes auf dem Teppich ärgern – oder sie nehmen sie als Zeichen dafür an, dass Ihr geliebter, vierbeiniger Freund viel Spaß draußen hatte.

Wer fragend reframed, knüpft an die Aussagen des Gesprächspartners an, setzt sie jedoch in einen günstigeren Rahmen. Ein Beispiel: Der Gesprächspartner beklagt den immensen Druck, unter dem er steht. Die **Frage** könnte lauten: „Wie viel Druck ist gerade noch hilfreich für Sie, um das anstehende Problem zu lösen?"

Dann, durch Fragen den zu begleitenden Menschen selbst Lösungen entwickeln lassen. Herausarbeiten von Zeiten und Situationen, in denen das Problem weniger stark auftritt.

- Was: Kann das Thema benannt oder sogar definiert werden?
     Ist es ein Problem? Warum ist es ein Problem?
- Wann oder wie geht es ihnen weniger schlecht damit?
- Wie ist es gelungen, dass es da anders war?
- Was haben sie da getan?
- Was würde geschehen, wenn sie das wieder tun würden?

Siehe hierzu auch die MINIMAX- Spickzettel von Wiebke Buff und Martin Drogat. Die Beschreibungen kommen aus der systematischen Beratung, lassen sich jedoch in die begleitende Seelsorge leicht einarbeiten.

Konkretisierung

Der Begleiter konzentriert sich auf Fragen und ergänzt mit Erzählungen aus dem Leben und Wirken Jesu. Die Lösung(en) entwickelt der zu begleitende Mensch selbst, reaktiv. Die Sequenzen sollten gemeinsam oder allein (der Wille des zu begleitenden Menschen ist entscheidend) im Anschluss an die Sitzung vor Gott gebracht werden.

Eigene Beispiele mit Lösungsansätzen

1. Beispiel

Wir, - ein guter Bekannter - ich nenne ihn „Peter" und ich, sitzen zusammen und unterhalten uns über „Gott und die Welt". Nach einem mehr oder weniger interessanten Austausch fragt Peter mich: „Darf ich dich mal was sehr Persönliches fragen?" „Selbstverständlich" sage ich und er beginnt. „Vor zwei Monaten hat meine Frau den Befund Unterleibskrebs von ihrem Frauenarzt diagnostiziert bekommen. Dies weiß, bis auf die Familie, noch niemand. Sie möchte nicht, dass es bekannt wird. Du besuchst doch auch kranke Menschen, würdest du nicht auch mal meine Frau besuchen? Sie kommt mit der Lage nicht mehr zurecht. Der Blitzableiter für alles bin mittlerweile ich im Haus. Ich mache alles für meine Frau, doch die jetzige Situation übersteigt auch meine Kräfte."
Befinde ich mich schon in einer Seelsorgesituation - (Peter und ich)? Darf ich einfach die Frau meines Freundes besuchen? Was muss geklärt werden, bevor ich mich auf eine Begleitung einlassen kann? Was muss erster Ansatz meines Handelns sein?

Ganz offensichtlich entsteht ein Dreiecksverhältnis. Dieses Verhältnis muss ich auflösen. Auflösen, aber gleichzeitig auch die Gefühle und Emotionen von Peter nicht verletzen, ihm einen Lösungsansatz bieten.

Lösungsansatz:
a) Ich befinde mich schon in einer Seelsorgesituation mit Peter!
b) Die Differenz und das Gemeinsame kenne ich, ich muss sie nicht erforschen. Aber seine Not kenne ich noch nicht. Ich muss sie in Erfahrung bringen.
c) Eine weitergehende Analyse ist nicht notwendig, da ich beide - Peter und seine Frau - von Jugend an kenne, ihre Sozialisation, ihre gesellschaftliche Stellung, ihren Glaubenshintergrund, ihre Art und Weise zu leben und wie sie das Leben und ihren Glauben gestalten.
d) Ich war herausgefordert, diesbezüglich mit Peter den Auftrag zu klären. Ein separates Gespräch wurde vereinbart. In diesem Gespräch musste ich eine Beziehung herstellen, die das Anliegen und den Auftrag klärt. Unbewusst setzte ich eine Ablaufstruktur ein – willkürlich -.
e) Die Konkretisierung des „I (Intervention) von BAILA" habe ich bei Peter mit dem systematischen Ansatz ressourcenorientiert, zielbezogen (offene W-Fragen) mit Reframing und Spiegeln als Werkzeuge durchgeführt (unbewusst, nicht wissend wählte ich wahrscheinlich den richtigen Ansatz, ohne ihn damals benennen und erklären zu können).

f) Letztendlich hatte ich den Auftrag mit Peter geklärt. Er war froh und dankbar, dass wir uns in der anschließenden Zeit (bis zum Ableben seiner Frau) und danach noch ein Viertel Jahr regelmäßig treffen konnten. Er hat kleine lösungsorientierte Schritte herausgearbeitet. Wir haben viel gebetet und auch einfach mal nur so dagesessen.

g) Peters Frau durfte ich nicht einfach besuchen! Auch hier war eine Klärung, durch einen Anruf, (Distanz, da sie nicht wollte, dass ihre Krankheit erfahrbar wird) mit dem Geständnis, dass Peter doch die Sachlage offengelegt hat, der Weg.

h) In der Klärung mit seiner Frau arbeitete ich heraus, welche Art von Begleitung sie als hilfreich empfinden würde. Eine Beziehung zu ihrem örtlichen Pfarrer gab es nicht. Einen Psychologen hinzuzuziehen, war ebenfalls nicht ratsam, weil sie eine räumliche und gedankliche Distanz zu dieser Berufsgruppe aufgebaut hatte (sie musste in ihrer Jugend - nach einem Fehlverhalten - eine Therapie mit einem Psychologen absolvieren, die wohl im Nachhinein noch negativ wahrgenommen wurde).

i) Trotz allem habe ich ihr eine bekennende Christin und Seelsorgerin (gleichzeitig Psychologin) empfohlen. Sie kam nicht aus ihrem direkten Umfeld und hat sie bis zum Tod begleitet. Wie mir berichtet wurde, eine Begleitung mit Gebet, Trost und Zuhören.

2. Beispiel

Eine frühere Klassenkameradin eines Freundes spricht mich bei einem lockeren Treffen der Mitglieder dieser Klasse im Rahmen einer meiner Vorträge: „Christ werden – Christ bleiben" an. Sie zieht mich zur Seite mit den Worten: „Mal was ganz Persönliches: Meine Tochter ist 25 Jahre alt. Sie lebt seit fünf Jahren mit einem Mann zusammen, der sie (subjektiv) drogenabhängig gemacht hat. Ich kämpfe seit 5 Jahren um sie. Vor zwei Monaten ist sie nach Hause gekommen. Ich war sehr froh darüber. Sie lässt jedoch die Drogen immer noch nicht. Sie fordert immer mehr Geld von uns, von mir und meinem Mann. Ich weiß nicht mehr, wo ich das ganze Geld herholen soll, will sie aber nicht schon wieder verlieren. Mein Mann ist arbeitslos. Wir leben von Hartz IV. Was soll ich tun?" Ich sage der Frau, dass die Tochter professionelle Hilfe benötigt, und gebe ihr die Adresse der hiesigen Suchtberatung (den Leiter kenne ich sehr gut). Anschließend gebe ich die Telefonnummer der Frau und dem Ansprechpartner in der Beratung (nur sicherheitshalber). Zwei Wochen später ruft sie mich an und bedankt sich für die schnelle Unterstützung. Sie hat aber noch ein Problem:
„Ihr Mann würde keine Arbeit finden und viel zu viel Alkohol trinken.

Ihnen ging es immer schlechter. Sie wüsste nicht mehr, wie es weiter gehen soll". Auch hier empfahl ich ihr, professionelle Hilfe einzuholen. Die Adresse eines befreundeten Psychologen, der eine Gesprächsgruppe leitet, die sich mit dieser Situation beschäftigt, nahm sie auch dankbar an. Auf meine Nachfrage - drei Wochen später - erzählte sie mir, dass ihr Mann wirklich regelmäßig zu den Treffen geht und auch schon, durch den Psychologen vermittelt, eine Maßnahme zur Wiedereingliederung in das Arbeitsleben, in Kürze beginnen würde. Sie sei sehr dankbar dafür. Wieder eine Woche später rief sie mich erneut an. „Da ich doch etwas mit der Kirche zu tun hätte, wollte sie sich gern mal mit mir unterhalten, ob das ginge? Sie sei aber nicht getauft."

Fängt hier eine Seelsorgesituation an? War sie nicht schon seit Wochen existent? Ist eine erweiterte Analyse notwendig, obwohl es sich um eine Frau aus Deutschland handelt, die auch hier, wie ihre Eltern, geboren wurde und hier lebt? Verlangt Kultur oder Subkultur nach Beurteilungsvariablen? Wenn ich die Begleitung annehme, was habe ich zu beachten?

a) Meiner Meinung nach fing die Seelsorgesituation schon auf dem Klassentreffen an. Trotz allem wurde die Situation für mich konkreter, als sie um ein Gespräch bittet.

b) Das erste Treffen mit dieser Frau fand in ihrer Wohnung statt.

c) Von meinem Freund erfuhr ich - er sprach mich darauf an, sie hatte sich ihm wohl anvertraut - wo die Frau aufgewachsen ist, welche letztendliche Ausbildung sie genossen hat - sie war als Fabrikarbeiterin tätig, ist aber seit der Heirat nicht mehr arbeiten gegangen -. Ihre Eltern waren sozialistisch geprägt, ohne Kirchenzugehörigkeit. Infos allgemeiner Art. In dem Moment war ich über die Infos dankbar.

d) Ich erkannte auf jeden Fall eine Differenz. Und ich denke, ich habe sie auch anerkannt.

e) Beim ersten Gespräch habe ich dann in Erfahrung gebracht, welches Anliegen sie an mich hatte.

f) Nach zwei Stunden Gespräch, Beziehung festigen, Erwartung konkretisieren, Vereinbarungen treffen und Themen festlegen, war der Auftrag klar. Sie wollte nicht mehr wie in den letzten Monaten – die Schwierigkeiten mit ihrem Ehemann und ihrer Tochter – unter solch einer Last leben, die sie innerlich hat zusammenbrechen lassen, so sehr, dass sie das Gefühl hatte, „keinen Boden mehr unter den Füßen zu spüren", „Das ist das Schrecklichste was man sich vorstellen kann", so ihre Worte.

g) Ich machte ihr klar, dass meine Begleitung auf christlicher Basis aufgestellt sein würde. Ob sie das denn auch wolle. Sie sagte, dass sie zwar nicht genau wüsste, was ich meine, aber sie hätte Vertrauen zu mir, da ich ja schon viel geholfen hätte und ich hätte doch wohl Schweigepflicht, und das sei ihr wichtig.

h) Die nächsten Sitzungen waren für mich nur zuhören, zuhören, zuhören. Nach drei Sitzungen mit je zwei Stunden habe ich ihre gesamte Lebensgeschichte gekannt, Persönliches, Unpersönliches, auch ganz private Dinge, bis in die Tiefen des Ehelebens hinein.

i) Ich musste mit Fragen gar nichts mehr erforschen. Es ergoss sich wie Wasser aus einem Wasserfall. Vorher, während und nach den Sitzungen, habe ich immer gebetet (sie hörte meinen Worten immer nur zu). In Gedanken betete ich weiter: Der HERR möge mir Kraft geben und das Richtige sagen lassen und gedankt.

j) Nach einer bestimmten Zeit habe ich Geschichten aus der Bibel genommen und erzählt. Sie hat mir am Anfang gar nicht geglaubt, dass solche Geschichten -Hiob, Jona, Gideon, Gleichnisse von Jesus etc. in der Bibel stehen. Das war dann Anlass für mich, ihr eine Bibel zu empfehlen. Gewählte Übersetzung: „Hoffnung für alle".

k) Jeden einzelnen Punkt zu beschreiben wäre mühselig. Doch nach einem Jahr haben wir zusammen gebetet, sie liest regelmäßig in der Bibel, hat eine Gemeinde gefunden und will sich taufen lassen.

3. Beispiel

Ein muslimischer junger Mann kam zu mir, um mir seine Leidensgeschichte zu erzählen. Er hat eine Freundin, die Eltern wissen nichts davon. Sein Vater hat aber schon eine Frau für ihn ausgesucht. Er traut sich aber nicht, seinem Vater von der Freundin zu erzählen, das sei unhöflich und stände ihm nicht zu. Doch er wolle doch seine Freundin nicht verlieren. Er kommt zu mir, weil, Christen und Muslime hätten doch den gleichen Stammvater und den gleichen Gott und er hätte Vertrauen zu mir, „ob ich ihm nicht helfen könne, einen Tipp geben könne oder so".

Ist das eine Seelsorgesituation? Wie gehe ich damit um? Ich denke es ist eine Seelsorgesituation. Doch wie ich damit umgehen soll, weiß ich noch nicht in Gänze. Ich werde mich auf den Weg machen mit dem jungen Mann. Kleine Schritte in Richtung Verständigung. Doch dazu muss er mir noch viel von seiner Kultur, den Abläufen, seiner Familie, seinen Freunden etc. erzählen. Aber auch von seinen Ängsten und den Resultaten, die er sich daraus vorstellt.

Und ich werde versuchen, immer wieder von Jesus und seinem Heilswirken und seinem Leben und dem Kreuzestod zu erzählen. Beten und Zuhören sind angesagt.
Die erweiterte Analyse nach Weiß erscheint mir hier der hilfreichste Prozessbegleiter, ebenso wie die methodische Vorbereitung auf die Gespräche – ressourcenorientiert.

Die Gefühls- und Gedankenwelt

Um weitere Beispiele heranziehen zu können, bedarf es einer tiefergehenden Erläuterung. Vorgenannte Beispiele zeigen, wie eine Struktur hilft und eine tiefergehende Analyse Schwierigkeiten erst gar nicht auftreten lässt. Die zwei nun folgenden Beispiele sollen einen Einblick in die Gefühls- bzw. Gedankenwelt einer Seelsorgerin, eines Seelsorgers geben, die die Komplexität, die mitunter auch durch die eigene Hilflosigkeit auftreten kann, in Ansätzen aufzeigt.

Dazu ein Schaubild:

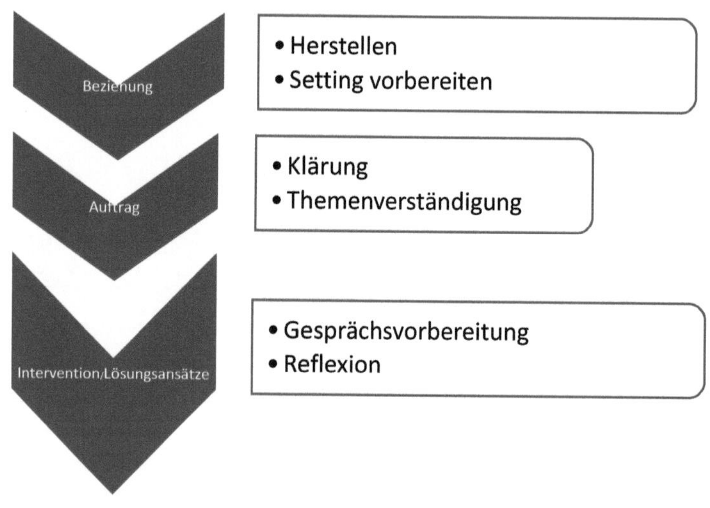

Der mächtigste Anteil einer Begleitung ist die interne Gefühlswelt. Ich meine damit: „Die interne Verarbeitung des Gesagten mit den Konsequenzen desselben, des Seelsorgers, der Seelsorgerin, in verschiedenen Situationen des Gesprächs".
Gepaart mit dem ständigen Wechselgespräch (Gebet) - gedanklicher Ansatz – und den eigenen Gedanken. Hier sei darauf hingewiesen, dass es sich bei diesem Beispiel um die Begleitung eines Menschen handelt, der von der medizinischen Seite eine Nahtoderwartung in Aussicht gestellt bekommen hatte (Zeiten wurden nicht genannt, aber die Hinweise, dass es sich wohl um ein Karzinom handele, wobei sich die Unkenntnis auf die Streuung der Metastasen richtete).
Die Komplexität in der Seelsorge liegt nicht in der Ebene der Auftragsklärung, der Strukturfindung oder mit geeigneten Interventionen Lösungen oder Ziele erarbeiten zu lassen, auch nicht in der Anwendung der Gesprächstechniken. Das Spannungsfeld baut sich im Bereich der Findung von Möglichkeiten auf dem Weg zur emotionalen Hilflosigkeit auf. Soll heißen, dass es immer wieder Situationen gibt, in denen wir denken, nicht mehr weiter zu wissen, durch innerliche Leere hervorgerufen. Wo wir „mit unserem Latein am Ende sind".
Sicher haben wir Möglichkeiten immer wieder mit den Werkzeugen Fragetechniken, Spiegeln etc, anzustoßen. Zielfindungsprozesse in Sackgassen-Situationen einzusetzen. Doch kann es immer wieder Gesprächssequenzen geben, in denen wir spüren, dass auch diese Techniken nicht weiterhelfen werden oder wir vielleicht selbst Unterstützung benötigen. Es empfiehlt sich auf jeden Fall, eine Supervision mit hinzuzuziehen. Einen anderen Seelsorger oder eine professionelle Unterstützung, die die Thematiken und das eigene Vorgehen reflektiert – ohne die Vertraulichkeit aufgeben zu müssen.
Wie gehen wir damit um? Wichtig ist, sich bewusst zu machen, dass es diese Situationen geben kann. Damit erspare ich mir die damit einhergehende innere Panik, nicht mehr weiter zu wissen in dem Augenblick, aber vielleicht doch etwas tun zu müssen. Der Gedanke könnte uns übermannen, dem zu begleitenden Menschen eher ein Hindernis als eine Begleitung zu sein.

Beispiel

Ein guter Bekannter erzählte meiner Frau und mir, dass seiner Frau Bauchspeicheldrüsenkrebs diagnostiziert wurde. Im Laufe der nächsten Tage musste ich immer wieder darüber nachdenken und fasste schließlich den Entschluss, seine Frau zu besuchen. Schon der Zustand, dass ich immer wieder darüber nachdenken musste, sollte mich daran erinnern, dass es Aufgaben gibt, die unser Herr uns auferlegt, ob wir sie wollen oder nicht. Ich betete: „HERR, bitte zeige mir, welche Aufgabe DU mir zugeteilt hast. Gib mir die nötige Ruhe und Geduld im Gespräch mit der Familie und der Frau. Zeige mir den Weg, den ich in dem Fall gehen soll. Lass mich demütig sein und auf DEINEN GEIST hören. Lass mich erkennen, was DU mir sagen willst. Ich danke DIR für DEINE Güte und Barmherzigkeit, segne den Besuch. Amen." Dann fuhr ich zu der Familie. Als Erstes musste ich klären, ob der Besuch überhaupt erwünscht war. Ein vermeintliches – Ja - ließ mich sodann bleiben. Ich hörte seiner Frau zu und bekam so die Geschichte des Krankheitsverlaufes erzählt. Auf meine Frage: „was sie sich vorstelle, worüber wir reden wollen?", antwortete sie: „Über das Leben, nicht über den Tod". Und ich hatte das Gefühl, dass sie mir noch nicht vertraute. Ich besuchte die Frau 14-tägig. 14-tägig deshalb, weil die Chemotherapie 14-tägig angesetzt war. In den Wochen der Therapie ging es der Frau so schlecht, dass ich nicht kommen sollte. In dieser Zeit war die Frau noch - von zu Hause - für die Firma tätig, in der sie eine leitende Position besetzte (Firmenleitung, die mit sach- und personenbezogenen Führungsaufgaben lange Zeit betraut war). Sie hatte immer noch Zugriff auf wichtige Daten der Betriebswirtschaft. Ein Loslassen, dieser Tätigkeiten, fiel der Frau sehr schwer. Für mich verständlich, denn sie hatte schon mit Herzblut die Tätigkeit ausgefüllt. In dieser Zeit erfuhr ich, dass sie katholische Christin war. Weltlich katholisch. Mit der Institution Kirche hatte sie wenig zu tun. Im volkschristlichen, katholischen Glauben war sie erzogen worden. Firmung, Kommunion, die kirchliche Trauung und die Taufen der Kinder waren somit die letzten direkten Kontakte mit Kirche und Glauben. Sie hatte es nicht als wesentlich angesehen, sich in ihrem Alter schon mit der Thematik zu beschäftigen. Trotzdem betete ich nach jedem Gespräch. Sie hatte, auf meine Frage hin, erst einmal nichts dagegen. Wir waren immer noch an der Bildung des Settings. Sie war auch noch sportlich aktiv, indem sie, auch 14-tägig, mit einem Freund und früheren Arbeitskollegen lange Spaziergänge unternahm. Von Zeit zu Zeit standen größere Untersuchungen an, um den jeweiligen Gesundheitszustand zu erfassen. So bekamen sie und ihre Familie (nach einer gewissen Zeit) wieder einen Bericht mit nach Hause. Eine Katastrophe bahnte sich an.

Die Tumormarker waren auf 130 gestiegen. Die Klinik gab mit dem Ergebnis die Patientin in die Palliativmedizin in der Nähe des Wohnortes ab. Einen Vorteil hatte der Vorgang: Die Behandlung der Chemotherapie fand in einer kürzeren Entfernung vom Wohnort statt. Die Familie war geschockt und verzweifelt. Alle waren anwesend: Ehemann, Kinder, Schwiegermutter, die Schwester des Ehemannes. Ich saß unter ihnen und wusste nicht, was ich sagen sollte. Ich hörte lediglich zu. Eine Aussage war: „Da hat auch das Beten nichts geholfen". In dem Augenblick habe ich nicht gewusst, was ich hätte sagen sollen. Insgeheim war ich froh, dass ich keine Meinung abzugeben brauchte. Ich hatte mir auch einen besseren Befund gewünscht. Trotz allem: Es wurde gewünscht, dass meine Besuche fortgesetzt werden sollten. Die Palliativbehandlung begann, und die Frau wurde immer schwächer. Dazu kam noch, dass die Firma, wo sie gearbeitet hatte, ihr - ohne sie zu verständigen - den Zugang zu den Firmendaten gekappt hatte. Ein vorheriges Gespräch fand nicht statt. Das empfand ich persönlich als völlig stillos. In dieser Zeit hatte ich das Gefühl, dass sie sich selbst aufgegeben hatte. Wir sahen alle (Familie mit mir) den zunehmend körperlichen Verfall. Die Gespräche fanden nicht mehr im Wohnzimmer, sondern - der Aktivlosigkeit geschuldet - im Schlafzimmer statt. Sie konnte kein Messer, keine Gabel und keinen Kugelschreiber mehr halten. Ein extremer Haarverlust war eingetreten und sie lag nur noch im Bett. Der Ehemann, der liebevoll für sie sorgte, indem er jeden Morgen das Frühstück ans Bett seiner Frau brachte und mit ihr frühstückte, sagte: „Meine Frau stirbt". Warum auch immer, aber ich wusste, dass sie jetzt nicht sterben würde. Einen Interventionsplan hatte ich aber nicht, es fiel mir auch keiner ein. In unseren Gesprächen machte sie mir klar, dass sie das Ganze nicht verstehen würde, sie hatte so große Hoffnung auf unsere Gebete gesetzt. Die große Frage, deren Antwort in den meisten Fällen versagt bleibt, war: "WARUM?". Sie stand nicht nur im Raum, sondern wurde kommunikativ artikuliert. Ich hatte auch keine Antwort. Aber, wie schon erwähnt, ich wusste in dem Augenblick, dass sie noch nicht sterben würde. So waren wir im Schlafzimmer versammelt, Ehemann, Kinder und ich. Ich betete innerlich und fragte unseren HERRN: „Was sollen wir tun?". Und mir wurde in Sekunden klar, es musste etwas gegen diese Aktivlosigkeit getan werden. So ich bat darum, dass wir gemeinsam eine Tagesstruktur aufstellen wollten. Meine Argumentation dafür war, diesen Zustand zu beheben. Das Verständnis erlangte ich durch eine Sprache, die sie verstand. Sie hatte während ihrer langen Arbeitstätigkeit als Führungskraft in scheinbar aussichtslosen Situationen die Beschreibung von kleinen Zielen, die vermeintlich leicht zu erreichen waren, die die Problematik Stück für Stück beseitigen sollten, immer als Werkzeug eingesetzt. Sie verstand sofort, dass es wieder kleine Ziele waren, die wir gemeinsam erreichen wollten und dass dazu Tätigkeiten zur Erlangung derselben nötig waren. Diese Sprache verstand sie. Ein „Sich-hängen-lassen" war nicht ihre Art, nie gewesen. Sie hatte gelernt - beruflich bedingt - zu kämpfen. So versuchte sie, ihren Möglichkeiten entsprechend, aktiv zu werden. In dieser Struktur hatten alle eine Aufgabe. Die ganze Familie war involviert. Es ging mit Bewegungsübungen der Hände und Arme morgens los. Das übernahm die Tochter, mit dem Ziel, wieder aufzustehen und gemeinsam zu frühstücken, der Sohn unterstützte. Aufstehen, um sich im Badezimmer der morgendlichen Toilette zu unterziehen, war ein weiteres kleines Ziel usw. So machte die Familie ganz toll mit. Die nächsten Wochen waren mit Kräfteaufbau durch Training, Bewegung und Aktivitäten zur Erlangung der grob- und feinmotorischen Fähigkeiten, wieder selbst aufzustehen und in der Küche das Frühstück einzunehmen, versehen. Physiotherapie war angesagt. Parallel machte ich mich auf den Weg zu einem befreundeten Pfarrer. Ich bat ihn um eine Gebetsgemeinschaft für die Frau. Und wir beteten und legten die Frau in die Hände unseres HERRN, anders kann ich es nicht ausdrücken. Nach dem Gebet, welches mein Freund sprach, wusste ich, sie würde erst einmal weiterleben. Für meinen Freund war das klar. Er sprach nach dem Gebet sofort über andere Dinge, als ob wir jetzt nichts mehr mit der Angelegenheit zu tun hätten. Er sagte, wir müssen uns keine Gedanken mehr machen, unser Herr Jesus wird das Richtige tun. Ich hatte zwar schon einmal eine Gebetserhörung bei meinem eigenen Sohn hinter mir, trotzdem war ich verblüfft und erstaunt mit welcher Selbstverständlichkeit er die Sachlage beurteilte. Die Kräfte kamen zurück. Die Erreichung von kleinen Zielen - es kamen mit der Zeit immer mehr dazu - wurde erfolgreich umgesetzt. Mein nächster Schritt war ihr vorzuschlagen, ob wir nicht gemeinsam in der Bibel lesen wollten. Und ob sie nicht eine tägliche Bibellese selbst durchführen wollte. Beides wurde umgesetzt. Die Besuche fanden nun wöchentlich statt. Sie wählte die tägliche Bibellese aus „Hoffnung für alle" aus. Damit kam sie gut zurecht. Sie erzählte mir, dass sie durch das Bibel- lesen und die Gebete das Gefühl hatte, immer stärker zu werden und wieder Ruhe zu finden, wenn sie sich Gedanken um das Ableben machte. Ich verstärkte sie in dieser Meinung mit der Aussage, dass es mir genauso ging. Sie wollte immer mehr wissen: Wie die Bibel entstanden ist, warum es ein AT und ein NT gab, wer die Bibel geschrieben hätte und warum. Die Geschichten des AT. Abraham, Isaak, die 12 Stämme der Israeliten, Gideon, Hiob, Jona, David, Esra? Ich hatte das Gefühl, dass ihr Wissensdurst immer größer wurde. Es war fantastisch.

Und sie hatte darüber hinaus weitere Aufgaben. Ihr Sohn hatte den richtigen Weg zur Berufswahl gefunden, da war sie sehr glücklich darüber, und sie unterstützte ihn dabei, wo sie nur konnte. Ihre Tochter war an der Masterarbeit und am Schreiben von Bewerbungen. Sie - als Mutter und Führungskraft - war gefragt in dem gemeinsamen Einkauf der Bekleidung zu den entsprechenden Anlässen und den Ratschlägen, wie sie sich bei Bewerbungsgesprächen verhalten sollte. Sie blühte auf und hatte große Freude an den Aufgaben. Das Testament, der letzte Wille, wurde von ihr und ihrem Mann geschrieben. Ihr Mann und sie fuhren in kurzen Abständen zur Verwandtschaft - ihrer Schwester - in den Süden. Das bekam ihr sehr gut. Ihre Freundin (die Schwester ihres Mannes) und sie fuhren gemeinsam shoppen. Das alles war für sie wie ein Geschenk und sie war sehr dankbar dafür. So stand der nächste große Befund an. Die Familie war wieder versammelt. Die Gebetserhörung wurde wahr. Die Tumormarker waren auf Werte zwischen 20 und 30 gesunken. Freude überall. Sie ließ auch nicht ab in der Bibel zu lesen. Wir nahmen uns das Johannesevangelium vor. Und sprachen über Jesus und das, was ER für uns Menschen getan hatte. Die Vergebung der Sünden, also das Wegnehmen des Getrenntseins von uns Menschen zu Gott. Wir beteten viel und dankten Gott für alles. Mit Verwunderung nahm ich dann auch von ihr zur Kenntnis, dass sie sehr wohl wusste, dass der Krebs nicht besiegt war. Sie wusste aber um die geschenkte Zeit.

So war ihr Lieblingspsalm der Ps 90,12: „Lehre mich bedenken, dass wir sterben müssen…". Es war so wunderbar mit anzusehen, wie sie zum lebendigen Glauben gekommen war. Erstaunlich war auch, dass sie betete, dass sie im Sterben nicht leiden wollte. Der nächste große Befund ergab dann keine Änderung, obwohl sie und die Familie es erhofft hatten. Die Werte blieben gleich. Für mich ein Anlass zu danken. In dieser Zeit hatte sich ein Familienmitglied wohl im Ton gegenüber ihrer Tochter vergriffen. Das nahm sie sehr mit. Denn wir hatten gerade die Thematik in der Diskussion, dass wir unserem Mitmenschen genauso vergeben sollen, wie Jesus uns vergeben hat. Und dass Jesus jeden Menschen auf der Erde liebt. Wer hier noch an Zufälle glaubt, dem ist hinsichtlich unseres Glaubens nicht mehr zu helfen. Ich glaube, sie wurde damit auf eine große Probe gestellt. Natürlich verteidigte sie ihre Kinder, mit allem, was ihr zur Verfügung stand. Und sie war sehr verletzt über das Verhalten. Und doch war ihr klar, dass sie an dieser Stelle eine große Entscheidung zu treffen hatte. Eine weitere Untersuchung stand an. Dazu musste sie im Krankenhaus bleiben. Bei der Untersuchung wurde festgestellt, dass sie Metastasen im Gehirn hatte. Bei der Besprechung, welche die nächsten Schritte in der Therapie sein könnten, verlor sie das Bewusstsein. Aus dem Koma wachte sie nicht wieder auf. Auch ihren letzten Wunsch hat unser HERR in Erfüllung gehen lassen: Sie musste nicht leiden. Für die Familie tragisch, für sie ein Heimgang als Kind Gottes.

Ein zweites Beispiel zu „innerliche Hilflosigkeit"

Der Sohn eines früheren Arbeitskollegen rief mich an. Er wollte mich zu einem Gespräch einladen. Zur Vorgeschichte: Sein Vater eröffnete mir vor einigen Jahren, dass er ein Geschwür am Kinn hatte. Er wollte mich gleich beruhigen und erwähnte, dass die Ärzte ihm versichert hätten, dass das Ziel der Behandlungen - die jetzt folgen sollten - ausschließlich auf Heilung ausgerichtet war. Ich nahm das so hin. Der Weg, den wir zusammen gegangen waren, war nicht nur durch die Aufgaben in der Firma, die wir zusammen erfüllten, geprägt. Wir unterhielten uns während unseres betrieblichen Zusammenarbeitens sehr viel über den Glauben - das tat ich an jeder Arbeitsstelle -. Immer wenn es Situationen gab, wo ich dachte beten zu müssen, tat ich das auch. Auch wenn es meine Arbeitskollegen mitbekamen. Das erzählte ich ihm und er war sehr erstaunt darüber. Arbeit und Gebet hatte er noch nicht miteinander im Einklang gesehen. Doch dadurch kamen wir immer wieder auf Fragen und Gegebenheiten, die mit dem Glauben zu tun hatten, zu sprechen. Es entwickelte sich eine Freundschaft und er kam durch vielerlei Eindrücke, Fragen, Antworten und im gemeinsamen Gebet zum lebendigen Glauben. So haben wir dann gemeinsam beten können. Er las nun wie selbstverständlich täglich in der Bibel. Was ich damit sagen will, ist, dass wir uns schon tiefer verstanden, als das Arbeitskollegen normalerweise tun. Sein Krankheitsverlauf war leider nicht so entspannt, wie die Ärzte es ihm prognostiziert hatten. Leider bekam ich davon nur sehr wenig mit, weil wir uns zwischenzeitlich nur noch selten gesehen haben. Und was im Nachhinein noch ausschlaggebend für das zwischenzeitliche Getrenntsein war, war, dass ich mittlerweile eine andere Handynummer hatte. So verging ein halbes Jahr, wo ich nicht wusste, welchen Verlauf seine Krankheit nahm. Da er sich nicht meldete, ging ich davon aus, dass es ihm gut ging und zu dieser Zeit sehr beschäftigt war. Ein paar Tage vor seinem Tod hat er wohl meine neue Nummer in Erfahrung gebracht. Er rief mich an. Ich freute mich sehr darüber. Über seine Informationen jedoch nicht. Ich besuchte ihn sofort und er erzählte mir, was in der Zwischenzeit geschehen war. Er wusste, er hatte nur noch ein paar Tage zu leben. Er wollte sich gern von mir verabschieden. Ich bot ihm an, ihn bis zum Tode zu begleiten, doch das lehnte er ab. Geregelt hatte er alles, er wollte allein sein. So geschah es dann auch. Und nun wieder zur Gegenwart.
Sein Sohn hatte nie viel von unserer Freundschaft, die auf den Glauben an Jesus gegründet und ausgerichtet war, gehalten. Für ihn war und ist Glauben eher etwas für Kinder, die vom Leben nichts verstehen. Und doch wollte er mich sprechen. Er hatte sich, vor dem Tod seines Vaters, noch einmal mit ihm länger unterhalten.

Der muss ihm wohl gesagt haben, dass wenn er einmal nicht weiterwissen würde oder Lebensfragen hätte, dass er sich mit mir in Verbindung setzen sollte. Der Junge tat das sodann auch. In dem Gespräch ging es erst einmal um seinen Vater. Er wollte viel von ihm erfahren. Vater und Sohn hatten sich wohl die letzten Jahre nicht so gut verstanden. Der Vater suchte immer wieder die Nähe zu seinem Sohn, der erwiderte diesen Wunsch jedoch nicht. Ich hatte das Gefühl, er hatte jetzt nach dem Tod seines Vaters ein schlechtes Gewissen. Im Laufe der Gespräche jedoch kam der wahre Grund seines Treffens mit mir zur Sprache. Auf mein immerwährendes Fragen, wie es denn seiner Mutter gehen und dass ich sie gern einmal besuchen wollen würde, wurde dieser Wunsch immer negativ beschieden. Bis er mit der Sprache herausrückte, dass seine Mutter schon im Alten- und Pflegeheim sei und er eigentlich gar nicht so richtig mit der Situation klarkommen würde. Für mich war die Aussage auch deswegen verwunderlich, weil seine Mutter gerade mal Ende sechzig ist. Ich erfuhr nun, dass sie wohl schwer krank sei. Ein Anfallsleiden, welches die Ärzte nicht in den Griff bekommen würden, sei der Grund dafür. Es wäre keine Gesundung in Sicht. Letztendlich besuchten wir dann gemeinsam seine Mutter. Sie war froh, mich zu sehen, und freute sich sehr über meinen Besuch. Bisher habe ich sie zweimal besucht. Ihr Sohn war immer dabei. Beim letzten Besuch machte sie mir klar, dass sie mich gern einmal ohne ihren Sohn sehen wolle. Der Sohn lässt das jedoch nicht zu. Warum auch immer. Ich weiß es nicht. So rufe ich sie zurzeit sehr viel an. Wir können auch über das Telefon über alte Zeiten sprechen. Ich würde gern mal mit ihr beten und in der Bibel lesen, das jedoch lässt der Sohn wieder nicht zu, und die Mutter möchte ihm nicht wehtun, indem sie ihm diesen Wunsch mitteilt. Hilflosigkeit ist angesagt.

Ich weiß noch nicht, wie ich vorgehen kann oder soll. Zurzeit ist auf jeden Fall sehr viel Gebet vonnöten, auch um Gewissheit darüber zu bekommen, wie es weitergehen soll. Im vollen Vertrauen auf unseren Herrn Jesus lege ich IHM all das in seine Hände. Er wird mir den Weg, den ich hier gehen soll, zeigen, da bin ich gewiss.

Die Seelsorge mittels Internet

Die Seelsorge mittels Internet, auch **Internetseelsorge** genannt, bezeichnet Seelsorge, die über das Internet medial vermittelt wird und interaktiv stattfindet. Sie ist somit eine Sonderform der lebensraumorientierten Seelsorge. Anders als bei der zum Beispiel Telefonseelsorge, die sich als eigene Organisation entwickelt hat und inzwischen ihren Namen markenrechtlich geschützt hat, wird Internetseelsorge von unterschiedlichen Seelsorgern und Organisationen angeboten.

Damit ist nicht das Informationsangebot über Seelsorge im Internet gemeint, die davon abgegrenzt werden sollte. Zwar können diese Informationen eine Orientierung bieten und Menschen ggf. auch weiterhelfen. Das Seelsorgeangebot selbst muss aber nicht zwingend auf eine Plattform, die ein interaktives Kommunikationsangebot bereitstellt, verweisen.

Als Informations- und Kommunikationsplattform bietet das Internet, auch für Seelsorge, neue Möglichkeiten. So bieten entweder einzelne Seelsorger, aber auch Initiativen und Organisationen der evangelischen und katholischen Kirchen, bereits seit Mitte der 90er-Jahre Internetseelsorge an. Die kirchlichen Spitzenverbände der freien Wohlfahrtspflege, Diakonie und Caritas, haben ebenfalls Angebote der interaktiven Kommunikation im Netz, die mitunter auch unter der Rubrik „Onlineberatung" zu finden sind.

Geschichtliche Entwicklung

Ende der 90er Jahre haben in Deutschland rund sechs Millionen Bundesbürgerinnen und Bundesbürger im Alter zwischen 14 und 39 Jahren das Internet genutzt. Bei der Internetseelsorge meldeten sich damals vor allem männliche Ratsuchende zwischen 30 und 40 Jahren, eine Altersgruppe, die den Kirchen weitestgehend schon verloren gegangen war. Ist das die Form von Verkündigung, die Menschen wollen? Oder sogar dem direkt gemeinschaftlichen Wort vorziehen? Father John Ealey hat bereits in der Times am 8. Mai 1996 zitiert: *„Wenn der Sohn Gottes heute leben würde, wäre er im Netz und würde sich mit Menschen über die ganze Welt hinweg verständigen".* Im Coronajahr 2020, dem Jahr des 25-jährigen Jubiläums der Internetseelsorge, suchte eine Rekordzahl von Jugendlichen und Erwachsenen Hilfe bei Seelsorge.net. Über 40 % der Userinnen und User waren unter 30 Jahren. Viele suchen bei Seelsorge.net besonders eine Begleitung in religiösen und spirituellen Themen.

Darüber hinaus waren 2020 ganz allgemein verstärkte Tätigkeiten der Kirchen und der kirchlichen Angebote sowie deren Inanspruchnahme im digitalen Bereich zu beobachten.

Die Erfahrungen der Anbieter von Internetseelsorge sind überwiegend positiv und sie zeigen, dass entgegen den zunächst vermuteten Erwartungen die seelsorglichen Kontakte im Internet doch intensiv sind. Da beschreiben Ratsuchende beispielsweise im Internet, dass sie über Probleme schreiben, EMail-Seelsorge, die sie noch niemandem sonst anvertraut haben. Gerade die Niederschwelligkeit des Angebots und die Möglichkeit der Anonymität bewirken, dass diese Form der Seelsorge intensiv werden kann. Dabei entsteht die paradoxe Situation einer *Nähe durch Distanz*, die bei der Telefonseelsorge seit Beginn dieser ebenfalls medial vermittelten Seelsorge auch beschrieben wird. Diese Distanz durch das Medium ermöglicht dabei sogar Kommunikation zu Themen, die sonst eher als Tabu gelten: Glaubensfragen, Sexualität, Sterben, Tod, Schuld und Vergebung. Für viele Menschen scheinen Chat- und Mail-Kommunikation noch niederschwelliger zu sein als das Telefongespräch, da man im Internet nicht einmal die Stimme gebrauchen muss.

Herausforderungen und Probleme

Die Seelsorge im Internet bringt neue Probleme und Fragestellungen zu Qualität und Rahmenbedingungen des Angebots mit sich. So hat das Thema Internetseelsorge bislang kaum in den Ausbildungscurricula von Seelsorgern Einzug gehalten. Doch Achtung! Viele Menschen denken, dass die Internetseelsorge im Bereich der Vertraulichkeit, völlig sicher sei. Doch das Beobachten der Kommunikation ist leicht möglich. Menschen, die sich im Internet an Seelsorger wenden, können unter Umständen „belauscht" werden, ohne dass dies den Beteiligten bewusst ist. Wichtig ist es deshalb, praxisnahe Konzepte zu entwickeln, die die Qualität der Angebote und Vertraulichkeit auch im Internet gewährleisten.

Das Paradoxon „Nähe durch Distanz" habe ich selbst erleben dürfen. Im Coronajahr 2020, in den Lockdowns, blieb es nicht aus, wenn Kommunikation gewünscht war. Man chattete halt. So auch ich. Hard- und Software wie Handy, PC oder Tablet und ein entsprechendes Programm waren fast überall vorhanden, und schon konnte es los gehen. Mit einem Gesprächsteilnehmer habe ich diese Möglichkeit auch durchgeführt. Zuvor vielleicht noch eine Anmerkung. Den Auftrag klären, sowie alle anderen vorbereitenden Aktivitäten sind natürlich zwingend einzuhalten.

Die Kommunikation, die ich beispielhaft erwähnen will, ist eine Begleitung eines Menschen während und nach einem Burn-out. Die Person, ich will sie „Klaus" nennen, war beruflich aufgrund der Diagnose freigestellt worden. Wir unterhielten uns zwei wöchentlich. Ich fuhr normalerweise immer zu ihm. Positive Ansätze seines eher depressiven Verhaltens waren schon erkennbar. Er hatte wöchentliche Sitzungen bei einem Psychologen. Mein Ansatz dabei war, lebensbefürwortende Aktivitäten und Verhaltensweisen aus dem Bereich der Theologie - aus dem Wort Gottes - aufzuzeigen und durch Geschichten aus dem Leben zu intensivieren. Dazu kam, diesen tiefen Moment des freien Gebetes kennen zulernen und eventuell selbst anzuwenden. Klaus erhoffte sich damit Kraft und mentale Stärke wiederzuerlangen. Das ergab sich aber erst im Laufe der Zusammenkünfte. Ich stand auch in Verbindung mit dem Psychologen. Was mich verwundert hatte war, dass die Kommunikation – in seiner Wohnstube verlief sie eher mit einer großen Zurückhaltung und Distanz auf der Gefühlsebene schon bei der ersten interaktiven Sitzung über den Chatroom viel gelöster schien. Ich hatte das Gefühl, dass er viel freier redete. Es tat ihm gut, dass ich nicht so nah bei ihm war. Warum? Dachte er, sich anders präsentieren zu müssen, als er war? Ich weiß es bis heute nicht. Der Psychologe konnte mir in dem Fall auch nicht weiterhelfen. Ich hatte Klaus zu Beginn unserer Zusammenkünfte gefragt, ob er sich vorstellen könnte, warum er in diese Art der Lethargie gefallen sein oder geraten sein konnte. Diese Antwort blieb er mir schuldig. Bis zu dieser Chatroom-Zusammenkunft. Gleich zu Beginn, bei der Begrüßung und den Fragen, wie es ihm gegangen sei und wie es ihm zurzeit ginge, war eine gelöstere Atmosphäre erkenn- und spürbar. Ich hielt meine Verwunderung erst einmal zurück, konnte aber dann doch nicht still bleiben, ohne zu fragen, woran das liegen könnte. Die Antwort war verblüffend. Er könnte so gedanklich viel konkreter werden. Auf meine Frage, ob ihn meine vielleicht zu intensive Beobachtung (Gestik, Mimik usw.) gestört hätte, die jetzt weniger in Betracht kam, konnte er auch keine Antwort geben. Sein Vertrauen zu mir wäre viel größer in dieser Distanz. Dabei fühlte er sich sichtbar wohler. Ich war erschrocken, diese Antwort hatte ich nicht erwartet. Nach der Rücksprache mit dem Psychologen versicherte der mir, dass er dieselbe Erfahrung -nicht nur bei diesem Klienten- auch bei anderen gemacht hätte, und es läge nicht an mir. Es könnte jede andere Person auch sein, auch eine ihm seit vielen Jahren sehr vertraute. Bei diesem und anderen Menschen sei Nähe aus der Distanz eher möglich als der direkte Kontakt. Das beruhigte mich erst einmal. Befriedigend war dieser Zustand jedoch für mich nicht. Für mich bedeutet das, dass in der erweiterten Analyse auch dieser Ansatz betrachtet werden muss.

Wenn es Menschen gibt, die auf Distanz eher Nähe aufbauen und freier reden können, sollte auch diese Möglichkeit der Begleitung von Menschen in verschiedenen Lebenslagen, nicht nur in Ausnahmezeiten in Betracht gezogen werden.
Diesbezüglich werde ich weitere Analysen, Recherchen und Erfahrungen sammeln und diese dann in die Struktur einfließen lassen.

Fazit:

Für mich kann ich feststellen, es liegt immer eine Differenz zwischen Menschen vor. Sie zu erkennen, ist eine Sache. Damit muss ich sie aber noch nicht anerkennen. Geschweige denn sie erforschen oder gestalten zu wollen. Ohne eine Anerkennung braucht es keine weiteren Schritte. Egal in welchem Verhältnis wir zu der Seelsorge suchenden Person auch stehen, es ist immer eine Differenz vorhanden, die es wert ist, sich ihr zu nähern, sie anzunehmen. Selbst bei meinem guten bekannten Peter (wie es in ihm aussah und wie er damit umgeht, wusste ich nicht), erst recht bei der Frau ohne Kirchenzugehörigkeit und schon lange bei dem muslimisch glaubenden jungen Mann. Das systematische Vorgehen und die Werkzeuge dazu habe ich im Rahmen dieser Arbeit kennen lernen dürfen. Eine Struktur als roten Faden durch BAILA habe ich immer wieder gesucht. Begünstigt durch meine strukturierte Denkweise. Ich bin dankbar für diese Hilfsmittel und nehme sie gern an. Welche Ansätze für mich neben dem aktiven Zuhören, dem Reframing, dem narrativen Ansatz, dem neugierigen Lernen von etwas Neuem, den Fragetechniken, der erweiterten Analyse noch infrage kommen, bin ich noch in der Erforschung. Letztendlich bleibt aber eines für mich notwendig: das Bekenntnis. Mit dem Bekenntnis verbunden ist Verkündigung Seelsorge und Seelsorge Verkündigung.

Der Gedanke einen barmherzigen, gnädigen und allmächtigen Gott bei sich haben zu dürfen, IHN fragen zu dürfen, mit IHM reden zu dürfen, IHN machen zu lassen, nicht alles selbst machen zu müssen, gibt mir die Kraft, die einzelnen Situationen als Sämann zu verstehen, auch wenn ich manchmal um die Menschen weine…

Literaturnachweis:

- Seelsorgelehre (K. Federschmidt, E. Hausschildt, Ch. Schneider-Habrecht, K. Temme, H. Weiß)

- Seelsorgeausbildung und Beispiel zur interkulturellen Seelsorge (H. Weiß)

- Interkultureller Austausch, Eine Entdeckung des Andersseins (Julian Müller)

- Ethik und Unendliches (E. Levinas)

- Dignity and pneuma (Prof. Daniel Louw)

- Über die Fremdheit und das Fremde (Karin Priester)

- Jenseits der multikulturellen Gesellschaft (Kersten Knipp)

- The interpretation of cultures (Clifford Geeretz)

- Zeitschrift Interkulturelle Seelsorge und Beratung

- Einführung in die Seelsorge (Martin Drogat)

- MINIMAX- Spickzettel (Wiebke Buff und Martin Drogat)

- P&S Zeitschrift Psychologie und Seelsorge

- Bruno Amatruda: Zukunft Internet, Kik-Verlag

- Cordula Eisenbach-Heck / Traugott Weber: Sechs Jahre „Telefonseelsorge im Internet". Ein Bericht über die Entwicklung der E-Mail-Beratung. In: Elmar Etzersdorfer, Georg Fiedler, Michael Witte (Hg.): Neue Medien und Suizidalität – Gefahren und Interventionsmöglichkeiten.

- Frank van Well: Psychologische Beratung im Internet.

- Joachim Wenzel: Vertraulichkeit und Anonymität im Internet. Problematik von Datensicherheit und Datenschutz mit Lösungsansätzen.

- Birgit Knatz / Bernard Dodier. Hilfe aus dem Netz. Theorie und Praxis der Beratung per E-Mail.

- Sabine Bobert: Trägt das Netz? Seelsorge unter den Bedingungen des Internets, Pastoraltheologie, sowie Magazin für Theologie und Ästhetik 7 (2000)

- Norbert Götz: Aufgefangen im Netz

- Sascha Meyer: Seelsorge im Internet – Die Präsenz der Katholischen Kirche im Zeitalter zunehmender Medialisierung des Alltags.

- Birgit Knatz: Handbuch Internetseelsorge: Grundlagen – Formen – Praxis.

- Thomas Schlag: Seelsorgliche Kirche in viralen Krisen-Zeiten ... und darüber hinaus.

Printed by Books on Demand GmbH, Norderstedt / Germany